青木 宣人

うどん屋おやじの冒険

いのち、地域、木、森、川の話

語り　青木宣人
聞き手　宮原勝彦

集広舎

題字
田尻 勝（元鮭神社氏子総代）

脱落箇所のお知らせ

168ページ冒頭、左記の小見出し及び本文1行目を、制作過程で脱落させてしまいました。ここに掲げて、著者である青木・宮原両氏並びにご購読いただいた皆様に深くお詫び申し上げる次第です。

集広舎

結婚しました

宮島先生たちとの付き合いの合間に、収入を得るためのアルバイトとして、内装工事会社の手伝いを……

まえがき

青木《あおき》宣人《せんじん》さんに初めて会ったのは二〇二一（令和三）年三月二十九日だった。青木さんが経営するうどん店「千年屋」（福岡県嘉麻市）に集広舎の川端幸夫さんと二人でお訪ねした。店に客はおらず、青木さんは、囲炉裏で新聞を読んでいた。

「いらっしゃい」と笑顔を見せてくれた青木さん。決して大柄ではないが、第一印象として「泰然自若」という言葉が真っ先に浮かんだ。物事に動じない落ち着きを持った様子を意味する言葉だ。

「昨年からの新型コロナウイルス感染でね、客が来ないのよ。私のことを本に？　やはりするの？」。青木さんと川端さんの間で、話が済んでいたはずだが、青木さんにはまだ躊躇があった。「私は好き勝手してきただけで、実績なんて何もない」「昔のことを話せって言われても覚えてないよ。会社勤めの経験はないし、履歴書も書いたこともないのよ。忘れちゃったよ」

私は、その日から月曜日午前十時に、千年屋を訪ね続けた。天候の話から、世間話になり、少しずつ昔話へと移った。「青木という大木」の枝葉が見え、いくつもの枝を通りながら、大きな幹へとたどり着く私がいた。

北洋漁業、パプアニューギニア、米国アラスカでの大けが、サハラ砂漠、白姓《ひやくしよう》天国、鮭《さけ》の人工孵化《ふか》と放流、里山再生……。それぞれ一つだけでも大きな幹になり得る内容なのに、青木さんは平然と話す。泰然自若の印象は間違ってなかった。

「千年屋」に客が来た。その客と青木さんの話は尽きない。私は、その会話を心地よく聞いた。私の取材では出てこない青木さんの素顔も見えた。これがまた、別の取材の切り口になった。取材の終わりには、必ずうどんか焼き飯を注文した。これがうまい。これが楽しみで通っているのだな、と思った。

九カ月以上、週一の千年屋通いで、聞き、書き留めたものが、こうして一冊の本になった。でも本当は「青木という大木」の枝葉しか見ていなかったのかもしれない。青木さんの泰然自若とした姿を見ていると、そんな気がしてならない。

宮原勝彦

うどん屋おやじの冒険

いのち、地域、木、森、川の話

目次

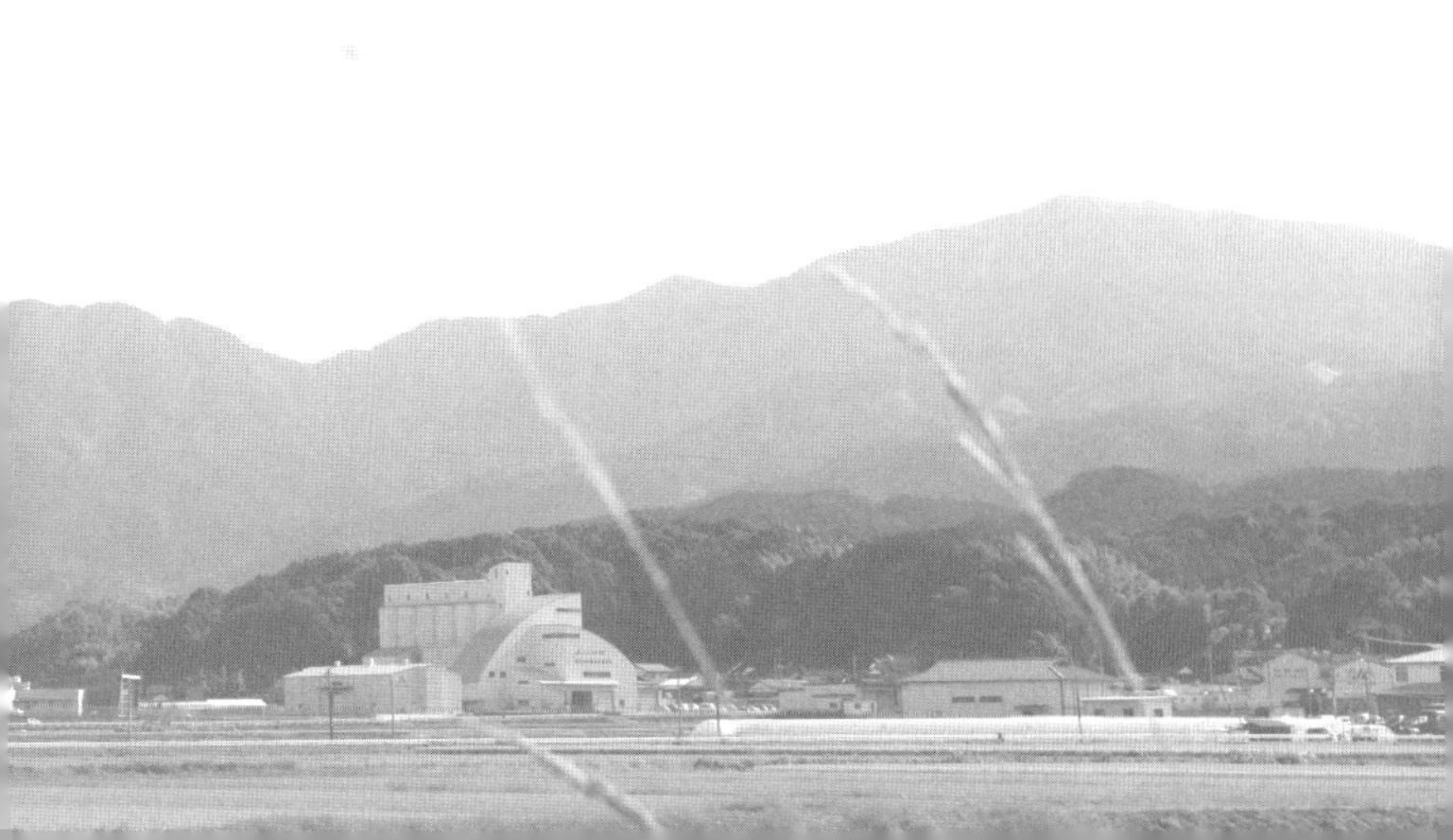

これからを生きる人たちへ　19

これからの地域社会へ　43

うどん屋のおやじです　65

青木さんのこと
山に立つ大樹のよう
後を追いかけたい人

日高　将博

私は、帰郷して間もなく、福岡県嘉麻市で、うどん店「千年屋」を営む青木宣人《あおきせんじん》さんにお会いしました。樹齢を重ね、山に立つ大樹のような雰囲気を持ち、多くを語る方ではなかったのですが、その経歴などを人づてに聞くたびに、新鮮な感動を覚えるのでした。便利な暮らしから離れ、人々を自然に触れさせるアウトドア活動、子どもたちを無人島へ連れて行き野営生活を体験させる活動など、いずれも「生きること」を主軸にした素晴らしい活動だと思います。

私は、商社で働いたとき、私も含め、周囲の会社員たちが「何かに応えなければいけない」「能力を高めなければいけない」などの義務感に追われ、「お金が無くなったら生きていけなくなる」という一種の強迫観念にとらわれているような気がしていました。体の内側から沸くような「生きる」という躍動感が欠けているような思いです。

その疑問が退社という形になりました。私は、中国の山奥にあるハンセン病の元患者の人たちの村に入りました。元患者はバスにも乗れない、買い物に行っても客扱いをしてくれないなど、厳しい環境の中で懸命に生きていました。私は、その人たちに寄り添いました。他国からの若者も集まり始め、元患者と一緒に町に出たりすると、元患者から病気は感染しないことが分かり、町の人たちが村に入ってくるなど、少しずつ対応が変わっていくのでした。私は、元患者と触れ合い、何気ない会話をしただけで、特別なことはしていないのです。

こんな体験から、私は、何も能力を高めることも、何かに応えなくてもいいんだ。私は、目の前の出来事を受け止め、私なりに生きていけばいいんだという、会社員時代の疑問が解けたような思いになりました。

私に「天脈」という言葉を教えてくれた人がいました。

「生きていくことに権力も金力も人脈もいらない。世話になったら、ありがたく受けとめ、そのお礼は、自分ができることをほかの人にお返しすればいいんだ。天、大空を見て生きていけばいいいんだ」

青木さんの笑顔に触れると、そこに共通するものが見えてくるように感じます。米国アラスカの冬山を歩き、世界の砂漠を歩き、パプアニューギニアの部族と交流するなど、お金や名誉などを考える人には、到底できることではありません。驚くことに、北海道では、自然体験ができるキャンプ場を、採算を度外視して経営されていたとは。

青木さんが、住み着いた嘉麻市の山中に開設した「白姓天国《ひゃくしょう》」には、たくさんの人が集まり、まちづくりや夢を語り、ほらを吹いて、飲んで、騒いだと聞きます。その夢を、ほらを、本当に実現、実行した人たちがいっぱい出たとか。また、青木さんは、気の合う仲間たちと一緒に鮭の人工孵化、成育をさせ、遠賀川への放流活動を続けていらっしゃる。八十歳を超えた人のできることではありません。驚くばかりです。

私も、海外の暮らしの経験があります。人が、国や人種を越えて、縦横斜めにつながる大切さを、体を通して理解したと思っています。その思いが、荒れていた実家の裏山を、地域の高齢者や学生たちの力を借りて整備し、キャンプ場を開設することができました。

この場所が、世代と国を越えたたくさんの人の交流の場となるように頑張る……、いや頑張るのではなく、たくさんの人の声や思いが集まって、いつの間にかそうなればいいかなと、自然体で考えているところです。私のはるか先を歩いている人。それが青木さん。しっかりと追いかけていきたい人です。

ひたか・まさひろ　一九八四年、福岡県福智町生まれ。立命館大学卒業後、勤務した商社を二年で退社。中国の山奥に設けられたハンセン病患者の隔離村でボランティア活動に従事。英国バーミンガム大学大学院に進み国際開発学で修士修了。日本財団に入り、世界各国を巡回し、人権問題に取り組む。二〇一七年、実家裏の竹山再生に乗り出す。二〇二二年一月に帰郷。同年秋、この竹山にキャンプ場「七世代キャンプ」を開設。世代間交流、国際交流の場に育てようと奮闘中。

日高 将博さん

これから を
生きる人たちへ

激変した暮らし

二〇二〇（令和二）年、日本でも新型コロナウイルスの感染が始まり、たくさんの人が感染し、亡くなっています。コロナ対策で当時、日本の政治は迷走し、私たちには、行動制限があり、経済活動、演劇や音楽などの文化活動も制限され、また自粛で、暮らしは激変しました。

会社員は、在宅勤務という、これまで一般的でなかった就業形態が生まれ、学生や生徒もまた、リモート授業となり、就学旅行や運動会、入学式、卒業式までもが中止を余儀なくされました。遠方で暮らす家族が、正月や盆の里帰りもできずに、会うことさえままならなかったのです。

コロナ禍で「新しい日常」などの言葉も生まれ、新たな価値観も生まれてきました。果たして新型コロナウイルス感染の収束はあるのか。また、別の新しい感染症の流行は起きないのか？　予測がつかない不安との戦いです。生きにくい世の中になっています。

私が生きてきた八十年と、この本を読む人たちが生きていく未来は、当然、大きく変わっていきます。

私の年代は、技術の進歩どころか、激変があった時代でした。今の、若い人たちにテレビが発明されてない時代、電話が家庭になかった暮らしなど想像できましょうか？

携帯電話は、昭和の終わりにできましたが、最初は肩から下げるバッグのような大きさでした。これが小型化され、あっという間に普及し、これがまた、多様な用途があるスマートフォンにとって代わりました。

昔、とても大型で高額だったコンピューターが、机の上に乗り、さらにノート型となり、一人一台、または、複数台を持つようになりました。誰もが手軽に情報を得て、また、情報の発信者になれます。

「会話ができる。おおすごい」と言って、話題になった人工知能（ＡＩ）は、今では、ものを考え、予測し、人の感情も持ち始め、俳句を詠み、そして職場での活躍も始まりました。その結果、職場に人が要らなくなるという状況も生まれています。これからも科学技術の進歩は天井知らず、でしょう。その恩恵と弊害をどう調整していくかが、みなさんに問われる課題でもあります。

その上で、どんなに科学技術が進もうと、生活環境が変わろうとも、普遍的なことがあります。科学技術は、大自然には及ばないし、人は生身で生きていく、ということです。科学技術は、米一粒、また、芋の一個、木の一本も生み出しません。

どんなに優れた科学技術でも、人が正しく活用してこそ、価値あるものになっていきます。使い方を間違う最たるものが戦争と犯罪ですね。二〇二二年二月に始まったロシアのウクライナ侵攻。愚かな指導者たちの行く末をよく見ておくことです。

こんなことを踏まえながら「生身で生きていく人たち」に、私からいくつか、伝えておきたいことがあります。

命使い切るまで

今の社会で、見ておかなくてはならない一つが、自殺の多さです。

厚生労働省のまとめを見ますと、一九九八（平成十）年から、二〇一一（平成二十三）年まで、自殺者が三万人を超えています。二〇一二（平成二十四）年の自殺者が二万七千八百五十八人だったことが、テレビのニュースで「二〇一二年の自殺者が三万人を下回りました」と伝えられたのです。

約二万八千人が自殺で亡くなっているニュースが、三万人を下回ったという、なんだか良いことのようなニュースの伝え方に、おかしいと感じた人がいるはずです。

日本で、人口三万人の自治体が、毎年一つずつ消えていく、というとんでもない事態が続いてきたのです。自殺者の約七割が五十代以下です。社会の中心になっている人たち、若い人が自分で死を選んでいるという恐ろしい日本社会です。慣れてしまったのか、多くの人は誰も異常と感じなくなっているところにまた怖い一面を見ます。

これも同省の発表資料ですが、人口十万人当たりの自殺者を示した数値があります。日本十八・五人（二〇一五年）、フランス十三・八人（二〇一四年）、米国十二・三人（二〇一五年）、英国七・五人（二〇一五年）となっています。いわゆる先進国の中では、日本は突出しています。

ちなみに、二〇二一（令和三）年の全国の自殺者数は二万一〇〇七人、人口十万人当たりの自殺者数（自殺死亡率）は十六・八人でした。

日本での自殺の理由は、病気、借金、職場や学校、家庭問題などが挙げられます。

実は、私の知人の娘さんが自殺しました。成績もよく明るかったのですが、それが学校で、無視の対象になり、それに耐えられなかったようです。悲しむ家族の様子をただ見守るだけで、私は、何もできないままでした。残念としかいいようがない。

死を選ぶ前に、自分がいなくなっても何も解決はしないし、自分がいなくなったときの周囲の人々の悲しみを想像してほしい。その悲しみは、時間がたっても消えずにずっと続いていくことを。あなたが大好きな周囲の人々を悲しませてはいけない。

命は一つ。誰にだって一つです。その一つの命は、何年も何年も人と人とがつないで、つないで、さらにつないで、今の自分があるのです。自分のもので、自分のものでないのが命です。今ある命、使い切るまで、寿命がくるまで、生きていてほしい。死は必ず向こうからやってくるものです。

命を守り続けること。これは、子どもにも若者にも、大人にもぜひ、守ってほしい、いや守らなければいけないことです。自分の命を守ることは、人の命も守ることにつながっていくのです。

自殺を考えるほど苦しければ、その苦しみから離れること。逃げることに迷わないでほしい。そこが、学校であれ、職場であれ、社会であれ、逃げることは決して弱いことでも、卑怯なことでもないから。誰か、助けてくれる人が必ずいる。勉強？　仕事？　給料？　そんなものは、後でいくらでも取り返せます。

逃げていいのです。その場を離れ、居場所を探して、心と体を少しずつ整えて、自分を成長させてください。そんなあなたを助けてくれる人は必ずいます。そしていつか、あなたが誰かを助ける役目をすればいい。自分には、どんな役目があるのか、または何ができるのかを探し続けることが、生きることとです。

そのためには、たくさんの人に触れ、本に触れることとです。算数、数学の問題が解ける、歴史の出来事を追う、年号を覚えるなど、学校で学ぶこととは違う、人としての本質を磨くような人、本との出会いを求めてください。長い時間をかけて取り組めるテーマを探すことです。

弱い人がいじめる

力が強い弱い、勉強ができる、できない、裕福、貧乏、上級職、下級職、性差などいろいろな理由で人と人とに「摩擦」が起きています。場所、状況によって、いじめ、パワーハラスメント、セクシュアルハラスメントなどと呼ばれます。最近は、カスハラという言葉もできました。カスタマーハラスメント。つまり、客が、店員や社員に対して「俺は客だ」という態度で、強気の態度で迫ったり、クレームを長時間続けたりする行為を指します。

意味のないことで威張ってみたり、いじめたりしている人。それは、自身の弱さに気付かないまま、それを見せているだけの軽率な人だと気が付いてほしい。

被害を受けている人は、「攻撃」してくる人をよく観察すると、滑稽にも見えてきます。被害を受けるのは大変なことですが、いつか機会を見つけて、しっかりと立ち向かうことも必要です。

後で話しますが、砂漠、厳寒の雪山や、文明が十分ではない地域などに身を置いてきた私があえていいますが、人はとても弱く無力な生き物なのです。大自然を前にすれば、金や力、名誉などは、何の役にも立たないことが分かります。自分の弱さを知った人は、決して弱い者いじめはできないことに気が付きます。

人は、長い時間をかけて、一人では生きていけないことを知ったからこそ「群れ」を作ってきました。共同で狩りをし、耕作をし、火を使うことを覚えて、火を守る役目をする者が現れ、いろいろな役割も生まれてきました。

食べ物の確保ができなくなり死んでいくだけの人に食べ物を分け与えるようになるなどして、今でいう「社会」が確立してきました。社会の一員になれば、知力や力での優劣、強弱はやはり明確に出ます。これからどんな成熟社会が訪れようと、この差、人それぞれの個体の差は必ずあり、ずっと存在するものです。

ただ、見逃してはいけないのは、その場面、場面で、優劣、強弱が逆転することがある、ということです。教室や職場だけでは、その人の本当の姿を見ていないことが多いのです。その一面だけで人を判断しないことです。社会にはたくさんの人々が入り混じっていることを知ることです。

優劣、強弱が見えてもそれを埋めるのが思いやりであり、信頼関係であったのですが、これが希薄になったから、摩擦が生まれ、いじめやハラスメントが生まれるのだと思います。

優位な立場にある人であればある程、優しくなること。本当の強さは、優しさであることを社会の常識にすることが大事です。

虐待のこと

自殺同様に大きな問題になっているのが、子どもへの虐待です。これも厚生労働省の資料に頼りますが、虐待に関する相談件数が二〇一〇（平成二十二）年に約五万件だったのに対し二〇二〇（令和二）年には約二十万五千件になっています。二〇〇四〜二〇一六年の間に、虐待のために百人前後の幼い命が途絶えました。

食事を与えない、熱湯、冷水をあびせ、冬の夜への締め出し、暴力など、目を覆うようなことが起きているのです。

昔はなかったかといえば、ありました。不況時の子の身売り、強制的な労働や無理に曲芸を仕込むなど、形は違っていても虐待はありました。

血を分けた肉親、保護すべき立場にある大人たちから幼い子への虐待は、防ぎようがないともいえます。幼い子に虐待をする人は、病気や障害があるのかもしれません。その病気や障害自体は、決して悪いことではないのです。それを理解して、上手に生きていく方法を見つければいいのです。

例えば、些細なことや、思い通りにならないことに激怒する、暴力に頼ろうとするなどの傾向がある人は、自分で自分のことを理解するために医療機関や専門機関に相談するなど、早めの対策をすることが必要です。早く言えば「セルフチェック」です。自分がどんな人間なのか、客観的な目で見てもらい、今後の生き方などに役立てる。そんな制度の整備と強化も必要になってくるでしょう。

二〇〇〇（平成十二）年に児童虐待防止法が施行され、子どもの異常などで虐待を思わせることがあれば、第三者からの通報がしやすくすることなどで、その防止策が練られています。法整備があっても、幼い子への虐待を防ぐには、やはり、子を持つということへの基本的なことを理解するしかないと思います。

望まない妊娠はさせない、しない

私は、虐待の原因の大きな要素に「望まない妊娠の結果の出産」があると考えます。子を産み、子を持つということはどういう意味があるのか。生殖機能が備わった人たちにぜひ知ってほしいことです。

生まれた子が、社会参加ができるまで、例えば、中学を終えるまで、あるいは高校を終えるまでの少なくとも十六～十八年間は、親として、保護者としての責任が伴います。出産にかかる費用、子を育てるための場所の確保と維持、そのための収入の確保などの物理的な制約もあります。ほか、教育を受けさせる義務など、たくさんのことを果たさなければならないです。

具体的に言えば、仮に、高校生同士の妊娠であっても、その新しい命を望むのであれば、そのための生活に移っていけばいいのです。出産にかかる費用を稼ぎ、その後、養育をし、さらに家庭を守っていくだけの収入を得ていくことが必要ですね。

当然、高校生活は離れることになるかもしれません。高校を途中で断念することに後悔があるのであれば、のちのち、単位制、定時制でも高校を卒業することはできますし、卒業と同等の資格を得られる試験もあります。

普段の高校生生活のように、自分を最優先にするという暮らしが一変することは当然です。子どもを育てるということは、長期的に責任が伴うものです。これが分からないまま、子どもを持つと、やがて子どもが邪魔になってしまいます。

こんなことを考えれば、「望まない妊娠はさせない」「しない」ということが、いかに大切であるのかが分かると思います。

人は、食欲と同様に性欲を持っています。「性」は、子孫をつないでいく大切な生理機能です。これは、基本的な人間の営みであり、いやらしくもなく、目を覆うようなものでもありません。国や民族によって、性へのさまざまな価値観、倫理観があるのはご存じの通りです。日本では、親、保護者が、子に教えない、教えづらい、学校でも十分な性教育がなされていない上に、その一方では、商業目的で、性を題材にした写真や映像が氾濫し、容易に取得、閲覧ができる実態があります。

ほとんどの動物には子孫をつなぐために発情期があります。オスもメスも食欲中心の生き方をしていますが、動物の性欲は発情期に限られ、子孫をつなぐという明確な目的があります。

人間には一年中、性欲があります。その性欲の赴くままの性行為があれば、望まない妊娠をする可能性も高まります。

子どもができるのを望む性行為と、そうではない性行為は、しっかりと区別すること。知識、理性を働かせて、相手のことを守る性行為であることが大切です。保護者は、どこかの機会で子にしっかりと伝えておくことです。

私は、家庭裁判所の調停委員を十数年務めていました。若い人の妊娠に始まる複数の家族の家庭問題に遭遇しました。その経験を含めて、思いの一端を話してみました。

昔の子ども社会

第二次世界大戦での日本の敗戦、一九四五（昭和二十）年を五歳で迎えた私の子ども時代のことを話してみます。当時は、ガキ大将を中心にした子ども集団がありました。子どもたちで小さな社会を構築していました。

地域の行事の中には、子どもたちが取り仕切って行うものもあり、年長の子が、伝統、しきたりなどを指導して、年下の子どもたちに教えていくようなこともありました。大人たちは、遠くから見ているだけのいわば、総監督でした。何か、間違いをしていたら、間違いを指摘し修正をするという具合です。

年上は、泳ぎを教え、当時、誰もが持っていた「肥後守《ひごのかみ》」という小刀を使って、木や竹を削り、おもちゃの作り方を教えたり、ときにはすいか泥棒、けんかの仕方まで教えたりして、絆を確立していましたよ。

このガキ大将ですが、やはりいろいろなことができなければガキ大将にはなれないのです。ときには、違う地域の子どもたちとのけんかも起こり、原因が分かれば、先頭に立って戦うこともあり、また仲直りに持ち込むための交渉など、それなりに大変なのです。

同じ集団でも、若い子ががつんと頭を殴られることもあり、泣いて家に戻っても、殴られた理由を親が知り、「そりゃあ、あんたが悪い」と、問題になることもなかったですよ。大けがでもすれば別ですが、殴る側もけがをしない程度の殴り方を知っていたのですね。

暴力がいいと言っているわけではありません。暴力を振るう前に信頼関係があり、信頼があった上の「がつん」は、指導するという一面があったということです。もっとも、今の社会ではそれも許されませんんね。

ただ、子どもは残酷な生き物です。その当時からも、いじめがありました。それも全部ひっくるめながら、人としての成長をしていくものです。

こんな子ども社会があったと同時に、当時の子どもたちは、誰もが家庭労働をしていました。農家の子であれば、子は労働力でした。農繁期の手伝い、普段から牛、馬、鶏の世話などは当然でした。農家の子でなくても、水汲み、風呂沸かし、庭掃除などが子どもの仕事でした。暮らしていくために必要なことが全部、人力だったためです。これは、裕福な家庭でも、そうでない家庭も同じでした。みんな、役割を持って、暮らしの中で責任の一端を担っていたのです。その仕事をしていく過程で、要領を覚え、子どもなりに考え、工夫して、わずかながらの楽を知るのです。

昔が全部よかったというつもりもありませんが、今の社会を見ると、子ども集団の少なさ、子ども同士の関係性の希薄さは、やはり、心配です。年齢の違った子との触れ合いが少なく、「縦」の人間関係の構築がなかなかできない面も見えます。

電気、ガス、水道が整備され、家庭の暮らしが便利になり、風呂を沸かすこともスイッチ一つ、水汲みも蛇口をひねるだけです。子どもたちが働く場面がありません。その時間が、学校のほかに塾だ、家庭教師だと、いい学校を目指すための競争に費やされているのです。

スポーツクラブなどでの集団も確かにありますが、そばに大人たちのつきっきりの指導、管理があるのでは、子どもたち独自の自発的な人間関係の構築や強化はできにくいと思います。

人間関係の希薄な子どもたちが、大人になって社会に入っていくことが何年も続いてきたわけですから、やはり大人社会も人と人とのつながりの薄いものになっていくのも当然かもしれません。

生き方は一つじゃない

いい成績で、いい学校に、いい大学に行って、有名企業や大手企業に就職して、または国家公務員の上級職に受かって、多くの給料をもらって幸せになる。また、スポーツで頑張って、野球ではイチローや大谷翔平のようになって、サッカーでは日本代表に、なでしこジャパンに入る。

こういう夢を求めて努力していくことは大事ですが、その目的のためだけに時間が費やされていたらやはり問題でしょう。

学校の後に塾、そして深夜までの勉強。それは、優秀とされる高校や大学入学のための試験問題の点数を一点でも高くするための勉強ですね。

中学、高校は、勉強をする時期であることは間違いありませんが、試験問題に答えることばかりが勉強ではないのです。社会にどう適応していくかも学ばなければいけない大切な時期です。

今日食べた米は、肉は、魚は、野菜はどこからきて、どういう経路で食卓に上ったか。チョコレートを食べても、原料を栽培する国々では、戦争があり、貧困があり、労働を強いられる子どももいることにも思いを巡らせられるようなことも大切な勉強なのです。

家庭にある家電は、多くが有名な会社の製品ですが、そこの内部にある個々の部品は、地方の会社が独自の技術で作り上げた部品が数多く使われています。

多くの場合、日本の学校では、障害がある人と接する機会が少ないです。街で車いすに乗った人が困っている、白い杖を持った人が立ち止まっているときにどう対応できるか、声のかけ方も分からないままの人がいるのではないでしょうか。

子どものうちにこんなことに目を向ける機会があまりにも少ないです。

いい学校に入るために、親、保護者が懸命になりすぎて、過保護、過干渉に陥っていませんか。あまりに親が子にべったりとついていたら、子の自主性も考える力を養う時期も、人間関係を構築する力や知恵を習得する機会を失いかねません。

大成功を収めることは、みんなができることじゃない。そこには厳しい競争があり、一年一年、年を取っていくという「壁」があります。その現実を知っていく中で、軌道修正しながら、自分の道を探ればいい。思い通りにならないのが人生です。思い通りにならないからこそ、状況に応じて、柔軟に対応できる力を備えることも必要です。教育ビジネスに振り回され、点数を高くするだけの勉強ばかりであれば、この柔軟性も出てこないと思います。

世の中を支えているのは、有名企業や大手企業ではありません。先ほど、少し触れましたが、例えば、中小企業や町工場にも、独自の製品を作り出し、あるいは、特殊な技術を持って、全国、世界を相手にしている所もあるのです。地方の小規模工場が、災害で生産不能になったために、複数の大手企業の生産が止まった、という例もあります。以前は、下請けといわれていた会社でも、近年は、大手企業にもきっちりと発言して、「買いたたき」に応じないような経営者も現れています。自分の会社に誇りを持っているのです。

また、就職という道を選ばずに、自分で起業し、自分で稼ぐという方法もあります。かつては、職人に弟子入りし、ご飯を食べさせてもらいながら技術を習得することも、普通にありました。大工さんが、水平の床を造り、直角の柱を立て、曲がりくねった木の重心を割り出して、梁にする技術は、学校で物理学も建築学も学んでいない大工さんの伝統技術です。また、漁師さんの魚を捕る技術、天気予報に頼らなくても天候の崩れの察知力などはすごいものがあります。

後継者不足に悩む、農業。日本の食料自給率はカロリーベースで四〇パーセントを切っています。自国の力で、自国の人のおなかを満たすことができない国になっています。最近は、農業も企業化、法人化して、農家の人ではない人の力を必要としています。普段、視野に入らない世界を見てみれば、多様な生き方、暮らし方があることが分かるはずです。

友達は入れた高校、大学に自分は入れなかった。人はできたのに自分はできなかったなど、たくさんの差を経験するはずです。けれど、いい結果を出した人たちに心から拍手を送られる人になることも大切でしょう。

人をうらやましく思う時間や、自分を嘆く時間はできるだけ短くして、これから何ができるかを考えられるような幅と奥行きのある心を持ってほしい。そこをしっかりとサポートするのが親、保護者です。

「親」という文字。これは、「立」「木」「見」という文字で構成されています。木が小さいうちは、そばにいても見ることができますが、成長すれば、次第に距離を取っていかないと全体が見えにくいです。もっと大きくなると、もっと離れなければいけませんね。子離れ、親離れを意味しているように思います。

もう一つ。

動物たちの食事を見ればよく分かります。動物の子がまだ、小さいうちの子のかわいがりようは、すごいですよ。外敵からは、命を懸けて守りますし、乳を飲ませ、えさを取ってきて与えます。しかし、一定の時期がくれば、子を完全に突き放します。動物によってはそばに近づけることさえしません。本気でけんかして追い払うこともあります。生きていく、えさを食べるという意味で、もうライバルなのです。これをしないと、子は自然界で生きていけないのです。

人は、親離れ、子離れができないままの人がいます。動物のように、子に対して明確な「突き放しという儀式」がないのです。成人しても、何かを判断するのに親の意見を最優先したり、親は子に自分の考えを押し付けたりします。

持論ですが、男性は、恋人や妻を少なからず母親とみる傾向があると思います。親離れしていない男性の妻が出産した後に、いままでの「母親」が、自分だけのものでなくなったことに耐えられなくなって、赤ちゃんがライバルとなり、赤ちゃんの世話をする妻への敵視などが始まり、虐待や、ＤＶ（ドメスティックバイオレンス）に発展する可能性があると思います。

親離れ、子離れができているか？　とても大切なことですよ。

お笑いコンビ「鈍行青宮号」の笑ーと漫才（その１）

宮原　初めまして。私が宮原です。こっちが相方の青ちゃんです
（うわー、がんこで、もうろくじじいだったらどうしよー）。
青木　初めまして。私が青木です。こっちが、相方、鋭い突っ込みの宮ちゃんです
（こいつ、んまり気が利きそうじゃないなあ……）。
青、宮、二人そろって「鈍行青宮号」。
宮　急がない。鈍行のように各駅停車でゆっくりと……。
青　この年だあ。急げない。
宮　とにかく、今日は、漫才コンビ「鈍行青宮号」の結成です。
青　漫才？　誰が漫才やるの。おれが？　冗談じゃないよ。
宮　いえいえ、これは、出版社、編集者の方針です。

青　つまりは業務命令。この漫才で、この本の価値、クオリティーを高めようという、この本の命運をかけた漫才です。

宮　漫才が命運かい？　確かに、長雨が続いてキュウリは高い。

青　キュウリじゃないの。クオリティー。質を上げようと……。まあ、それにしても最初から、自殺に虐待にいじめにと重たい内容でした。

宮　いや、「亀の甲より年の劫」というか、老婆心というか……。

青　青ちゃんが言うなら「老爺心」。

宮　「度を越しているかもしれないが」と、へりくだって言う言葉が「老婆心」なの。男でも「老婆心」。

青　「老婆法王」も男ですね。でもね、若者に社会問題に目を向けさせることは大事なことです。混迷した政治に社会。我々も含めて、何を信じていいのやら分からない時代になってきた今こそ「命を大切にする」という原点を忘れてはいけません。声を大にして、活字を大きくしても、ここはしっかりと伝えましょ！

宮　活字は大きくならんやろ。ページが増える。

青　さて、これからは地域社会をテーマにしましょ。

青　地域社会？　要するに田舎ね。おいこら、都会人。田舎もんと思ってばかにするなよ。都会人がそんなに偉いのか。田舎には田舎のいいとこがいっぱいあるんだぞ。

宮　そうだ、そうだ。同感です。ぼくは、東京出身ですが。

青　うそいえ、田主丸（福岡県久留米市）だろ。

宮　あら、知ってましたか？　はい、田舎です。

青　「地域」というのはね、「血」が通って生き生きしとるから、血生き、なのよ。

宮　血生きとはうまいこと言う！　では、その辺りを、どうぞー。

これからの地域社会へ

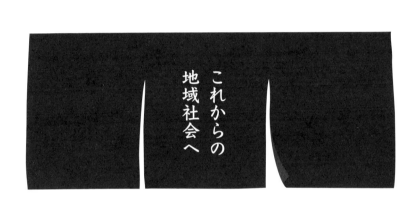

コンサルタントに頼るな

日本でずっといわれてきたのが、東京一極集中でした。ヒト、モノ、カネが東京に集まり過ぎました。国の在り方についても、中央集権から地方分権へといわれて随分と時間はたちましたが、権限の移譲は遅々として進まず、実態は声ばかりになっています。政府だけが悪いとは思いません。権限を奪い取る、言葉が悪いですね。移譲させるような気迫ある地方があったのか、ともいいたいです。

地域の人口が減少する問題点を見ていく中で、「過疎」という言葉が使われたかと思うと、次には「限界集落」へ。高齢化に絡んで、後期高齢者という言葉も登場しました。夢も希望もないですね。

都市部には、人がいて、情報があって、便利な暮らしがあります。それに対抗するように、田舎には自然があるといいます。私は、林学を学び、世界各国の自然を見てきたという観点から、地方だから、田舎だからといって自然がある、とは言いません。

山には山なりの、川なら川なりの手入れが必要です。放置されたままであれば、自然の大きな循環のサイクルが停滞してしまいます。ですから、私は、自然ではなく、たくさんの空間がある、と言っています。この空間を本来の自然にしていくには、かなりのエネルギーが必要で、金もかかります。これは、地域に住む人たちの力だけでは解決しません。これを十分に理解する行政、国政の目が必要になるのです。

地域の活性化という言葉は全国で使われています。そのために、都会にあるコンサルタント会社に多額のお金を払って、活性化への方策を探るということも行われています。

コンサルタント会社は、確かにたくさんのアイデアを持っており、これが、一概に悪いとはいいませんが、地方にある山や川を見て、「自然が豊富」「自然を生かして」という言葉を躍らせ、観光の核を、観光の目玉をつくろうというような、都会にあるものを地方で作ろうとする報告書を出して、帰っていく例も多いようです。

どこもかしこも成功例をまねするだけの地域活性化策が実行されたことがあります。「金時あめのまちづくり」という言葉を聞いたことがある人は多いと思います。

本来のコンサルタントの業務は、地域の歴史や地理を知り、住んでいる人を知るなど、十分な調査に基づいて、実現可能、持続可能な方策を示すことだと思っています。だから、長い時間をかけて、実態を見れば見るほど、その結果は、とても地味になると思います。ところが、それでは画期的ではなく、ありがたみがないために、見栄えのするアイデアを出そうとするのです。

まちづくりは、思い付きや奇抜なアイデアで行うものではなく、そこの歴史、文化、風土、民俗学などの面から掘り下げ、地域住民に密着した企画を立てることが必要です。地域のことを一番知っているのは、やはり地域の人。地域の人が中心になるのが一番です。面白い例を知っています。

近年、冬季オリンピックなどで注目されるカーリングですが、あのスポーツを知っていた人がどれぐらいいるでしょうか?

のちに紹介しますが、私は一九七〇年代に、北海道北見市に隣接する常呂町《ところ》(現在は合併して北見市)でキャンプ場を経営していました。その常呂町の人たちが、畑に造ったビニールハウスの中でやっていたのがカーリングでした。私も一緒になって遊びました。

ストーンの代わりに、プラスチックにコンクリートを入れた漬物石やプロパンガスのミニボンベを投じていました。カーリングブラシの代わりにデッキブラシを使っていました。ルールは、相手の漬物石を押し出すだけという、単純な遊びとして楽しんでいました。

やがて、指導者が現れて本格的な練習をするようになり、町を挙げて楽しむようになりました。この熱心さが日本の最高レベルの選手たちを育てるのに多くの時間はかかりませんでした。

あちこちにチーム結成が相次ぎレベルアップがあり、二〇一八（平成三十）年の平昌五輪で銅メダルを獲得したのが、北見市のLS北見だったことは記憶に新しいでしょう。

このLS北見が、ロコ・ソラーレという名前に変わり二〇二二年の北京五輪でも銀メダルに輝きました。

二〇二一年の第三十八回日本カーリング選手権大会の男子では、常呂高校の卒業生や現役生徒で作る「常呂ジュニア」が、並み居る社会人チームと互角以上の戦いを見せ、見事、準優勝に輝きました。

北見市は人口十一万人程度の小都市です。現在、男女約七十チームがレベル別のリーグ戦を戦っていて、さらなる強豪チームの出現の可能性を秘めているのです。地方の小都市でも日本のトップになり、世界に向かって力を示すことができる証だと私は思っています。元をただせば、地域住民のレジャーだったのですよ。

私の住む福岡県嘉麻市でも、高校駅伝大会などが開催されて久しいのですが、その魅力を子どもたちに伝え、誰もが走り始めれば、日本を代表し、世界に通用するランナーが誕生する可能性もあると思いますよ。チャンスの種、芽は全国どこにでもある、ということです。

地域に人の移動が始まっている

地域の魅力をどう引き出していくか。これが地方の行政や住民の力と知恵の見せどころだと考えます。

少し前から、企業も人も都市部から地方へという動きが出てきました。さらに、二〇二〇（令和二）年に始まった新型コロナウイルスの感染拡大は、これまでの生活を一変させました。在宅勤務という新しい働き方、新しい暮らしを模索することになりました。

日本経済新聞の二〇二一年八月十三日付夕刊に興味深い記事が掲載されていました。

「脱・大都市　町村も受け皿に」という見出しで、内容は、総務省が公表した住民基本台帳による人口動態調査で、二〇二〇年の一年間に大都市から地方に人口が流れた傾向がみられる、というのです。人口増加した町村の十位までが示されています。

一位　熊本県菊陽町　五百五十六人
二位　長野県軽井沢町　五百二人
三位　沖縄県南風原町　四百五十六人

四位　福岡県粕屋町　　四百十二人
五位　沖縄県八重瀬町　三百四十四人
六位　沖縄県北中城村　三百二十三人
七位　沖縄県中城村　　三百九人
八位　京都府大山崎町　二百八十七人
九位　福岡県新宮町　　二百七十七人
十位　福岡県志免町　　二百七十一人

記事によると、

「一位の菊陽町は、住宅地の整備をし、指定区域に転入した場合、最大百万円の補助金を出し、子どもが生まれたら十万円を支給する。二位の軽井沢町は、東京に近いこともあって、新幹線で通勤圏になっていることや、幼、小中学校の一貫校を設置するなどの教育環境整備なども注目されている。内閣府の調査で東京二十三区の二十代で、地方移住に関心のある人の割合が、二〇一九年に三九パーセント、二一年の四～五月には四八パーセントと上昇している」（一部省略）とあります。

また、法人の移転については、民間信用調査機関の帝国データバンクも次のような調査結果を公表しています。二〇二一年七月に発表されたものですが、本拠地を移転した法人が七千八百八十二件あって、うち都道府県外に移転したのが千百五十八件。最も多かったのが東京から神奈川県への移転で百十三件、といいます。

「なーんもなか」は禁句

もちろん、一気に何万人もの人が移動するようなことが起こるとは考えにくいのですが、これからも企業移転や人の移住が増えてくると思います。だからこそ、その企業やその人々に、選ばれる地域になるための準備をしておくことが大事です。それは、地域の人たちが、この地域に誇りを持って生き生きと生きているか、が問われることになります。

「田舎やけん、なーんもなか」という言葉を聞いたことがあるでしょう。この言葉は謙遜でもなんでもないのです。言った人、聞いた人、又聞きした人に負の連鎖反応を引き起こすだけです。

都市部にも地方にも、日本全国、全世界で、同じ時間の歴史が脈々と流れて今日に至っています。「何もない」は、「何も知らない」という宣言なのです。これから、この言葉は禁句にしましょう。

例えば、山を眺めるだけでも、もう歴史に関わりがでてくるのですよ。大概の山には城跡があります。城跡は全国に三〜四万はある、といわれています。

城跡といえば、天守を持つ熊本城や、広大な石垣を持つ福岡城跡など、大規模な城を思い浮かべる人が多いかもしれませんが、中世（十二世紀末〜十六世紀末）の土を盛るだけで防御にしている小規模なものから、大規模な城などが、どんな地域にもあります。私有地だったり、手つかずだったりして、明確な調査、保存がされていないだけです。

それぞれの城には、地域の有力者、豪族や国衆たちがいて、彼らが、近隣の武将などと敵対したり、平和的な交流をしたりする様子を学んでいけば、教科書に出てくるような歴史の大きな出来事につながることもあります。

城に人が集まれば、そこには「食」が必要になり、闘争態勢にでもなれば、ありあわせの食料、食材で、作った食べ物、少ない材料で長期的に食べられる料理を作る工夫が生まれ、これが郷土食として現在に伝わっています。もし、伝わっていなくても、歴史を学ぶ過程で、こんな料理があった、と、新たに発見できるかもしれません。

「なーんもなか」とか言っておられませんよ。郷土史というくくりの中の「城」というだけで、たくさんのことが見えてきます。

地域の人が集まり、わいわいがやがやと雑談を交わしていけば、それぞれの得意なことや興味のある分野で宝を発見できるはずです。高齢者に学び、聞き取りをすれば、いろいろなことが見えてきます。石の地蔵さんでも、そこにあるだけなら、そのまま。起源や何の地蔵さんかを知れば、地域外の人に伝えられる財産にもなります。これを今からでも始めていけば「地域学」という学問にも発展するでしょう。

行政は外に出る

宝を発見するには、そのための雰囲気づくりが必要になってきます。

行政の人たち、机でパソコンを見て、書類を書くのも仕事でしょうが、目を地域と人に向けて、地域に飛び出してください。行政は、その自治体で一番、情報が集中するところなのです。業務の遂行の中には、秘密事項もあるでしょう。でも、それ以外は、常に住民に提供すべきものなのです。

例えば、職員の会議、また、住民が参加する会議一つでも、役所の四角四面の会議室ではなく、森の中で開く、あるいは、誰かの家や倉庫を借りる、一人一品の食べ物を持ち寄る、時間外にして、可能であれば、飲酒もOKなどとすれば、どれだけの本音が出て、どれだけ効果がある会議になるかもしれません。これがコミュニケーションならぬ「飲みにケーション」ですね。

役所の会議室で、意見もでないまま時間が過ぎて終わり、という会議をこれからも繰り返していきますか？　もちろん、役所内での効率的で有意義な会議が行われていることは、十分承知した上で言っています。

先ほどの城の話に関連するかもしれませんが、歴史や文化財を担当する部署であれば、面白い古文書、史料を部署のものだけにしていないでしょうか。それを地域の人たちに分かりやすく伝え、解説をすれば、地域の人たちの思わぬアイデアを引き出すことにつながります。

産業を担当する部署であれば、農産物は、何が主力なのか、どこに出荷されているのか、どんな加工品になっているのか、地域の人たちは知っていますか。このジャガイモが、あの菓子会社のポテトチップスになっている、この畑の小麦が何になっている、とかを知る機会があるだけでも、地域の人たちの意識が変わってきます。

地域のどこに、どんな宝物が眠っているか分かりません。村にある神社の縁起、仏閣についてのこぼれ話、あぜ道の地蔵、石碑の由来、また、石垣を見れば、どんな工法で積んだ石垣か？山が近い自治体であれば、子どもたちが、目に見える樹木の名前をみんな知っていればすごいですよね。覚えさせるのではなくて、ごく自然に木々に触れあっていれば、苦もなく覚えるのです。

地域の人たちが学び合えば、よその人の何気ない質問にも、ごく普通に答えることができるのです。地域に来た都市部の人たちが、何かを訪ねても「知らない」というか、快く答えるのか。印象は随分と違ったものになるはずです。

地域に興味を持って近づいてくる人たちに、必要以上の警戒心を持たないことです。そのための基本、前提になることが、自分たちがここで生き生きと、自信を持って暮らしていくことです。

古里に誇りを持つ。それは、古里を知ることから。これを仕掛けるのは、やはり行政の人たちが街に出る一歩からです。

隠れた技能の発掘を

都市部の人たちが、地域に求めるものは、普段通りの地域の様子のようです。先ほども触れましたが「観光の目玉」と言って、大金を使って、いや、借金をしてまで施設を造った自治体があったのですが、成功例はほとんどありません。そのような施設に二度も、三度も訪ねてくる人はいないのです。

私の周辺では、温泉施設の建設をと主張する人もいました。温泉施設は、仮にいい温泉が出ても、やはり、温泉の本場にはかなわないのです。フランス料理の店を、という声もありました。田舎にフランス料理は、要りません。都市部にはいくらでもあります。都市部の人たちは、ここにある普段の食を求めてやってくるのです。

漬物、梅干しを作らせたら素晴らしい腕を持つ人がいませんか？　郷土料理を作れる人はいませんか？　この人たちを講師に勉強会をすれば、地域の素晴らしいもてなしになり、お土産づくりになるではありませんか。

ある商店街では、一般家庭のおばあさんが、普段に作っていたおはぎを並べたところ、これが売り切れ、さらに数を多く作ってもらっても売り切れ、手伝いを頼んで、月に数十万円を売り上げるようになった、との実例もあります。そのおばあさんは、材料費を引いても、現役サラリーマンの給料に劣らない収入を得ています。

シャッター店舗の解消法

商店街の話がでたついでに。

どこの地域の商店街も悩んでいるのが、空き店舗の多さ、シャッター街となっていることです。

商店街は、古くから地域の中心街にあり、戦後復興の暮らしを支え、高度成長期には、商品を並べれば売れる、という繁栄もありました。でも、中心街にあるゆえに自動車の普及に合わせた駐車場の整備の遅れ、郊外の大型店進出で苦戦を強いられました。

大型店の進出には「雇用の創出」という言葉がついてきて、行政は、その周辺道路の整備に力を入れることもありました。地元商店には、テナントという形で大型店の中に出店の機会もあったのでしょうが、家賃が高額で、一部の元気のいい店に限られました。

大型店の利益は、遠隔地の本社に入ります。ほとんど、地域には還元しません。商店街の利益は、店主や経営者も地元の生活者であるために、地域に還元します。つまりは、商店街の疲弊は、地域の疲弊にもつながっています。

シャッター店の解決法の一つに、若者の呼び込みがあると思います。ある短期大学の教授と話したことがありますが、洋裁を学んだ学生たちには、そのままプロになっていいほどの技術を持つ人もいるそうです。ところが、その技術を生かせる会社に就職するのはごくわずかで、多くが学んだこととは関連しない企業に就職していく、あるいは、就職ができずに、関係のない部署でアルバイト暮らしをしている例があるそうです。

「もったいないです」というその教授に同感するしかありません。この学生たちを商店街に呼び寄せることもできると思います。この若者たちに貸し出す道を開けば、創作服の発信拠点になり得ます。大きな店舗であれば、分割して複数人に貸すようにすれば、創作服の複合店ができますね。

これが服に限らず、大学芸術学部に当たれば、木工芸、陶芸、絵画、装飾品などに幅が広がっていくはずです。これを商店街の人、そして地元の人が応援していくことが大事です。

商店街には、例えば「連合会」という名の組織がありますが、元気がよかったころなら機能したのでしょうが、近年はあまり機能していないようです。同じ商店街でも、持ち家か借家なのか、後継者の有無、経営者の年齢など、店の形態はさまざま。このような状況で「商店街が一つに」とはなりにくいのです。ですから、「連合会で決定して」という結論をみるまでには相当の時間が必要です。

商店街活性化のアイデアなどがあれば、組織決定を待たずに賛同者だけで動き出せばいいのです。周囲は、その動きに決して足を引っ張らないことが大事ですね。うまくいけば、その恩恵は必ず、周囲にも広がるのが商店街なのです。

商店街は横に長い百貨店です。大型店にはない「対面販売」などができる強みもあります。同業者同士の助け合い、異業種の店だからこそできる連携など、お金のかからない活性化策はいくらでも出てくるはずです。

「大型店が相手にするのは消費者。商店街は生活者を相手にしている」とは、元気なある商店街の店主の言葉です。

耕作放棄地は活用へ

農業の高齢化、後継者不足も深刻です。耕作されなくなった田んぼ、畑がどれだけあるかは、一目瞭然ですね。現在、耕作されている農地でも来年は耕作されるのか、二年後は、と不透明です。地域、自治体で、今後、耕作放棄地が増えるのか、減少するのか、調査も必要になるでしょう。

農水省の事業で「人・農地プラン」の策定を進めています。各自治体でのアンケートなどで、十年後の農業の姿を見ようという試みですね。

農家に営農計画について、次のような質問に答えてもらいます。

農家に、将来的に「耕作地を借りてでも増やしたいか」「耕作地を少なくしていきたいか」を聞いています。足し算、引き算で、地域の耕作放棄地が増えていくのか、減っていくのかの目安ができます。もう、自治体で調査結果を公表している所も多いはずです。

私は、耕作放棄地の対策に欧州で行われているクラインガルデンを提案したいのです。クラインガルデンとは、ドイツ語で、直訳すれば「小さな庭」という意味です。ドイツでは、二百年の歴史を持つといわれています。都市部の人に小屋と農地を貸し、バカンスなどで、楽しみながら農業をしてもらおうとの活動です。借り手は、農業体験の喜び、子どもには環境教育や食育につなげてもらう。貸し手は、農業、農地保護、緑化推進、乱開発防止などに役立てています。

欧州でバカンスといえば、避暑地でのホテル暮らし、海洋スポーツを楽しむ、海外旅行といった豪華な休暇を思う人も多いかもしれませんが、それはお金に余裕のある人たちです。このように田舎で小屋に泊まり込み、農業を体験して、非日常を楽しむ人も多いのです。

このクラインガルデンは、日本でも実施している所はあります。日本の場合は、一カ月もの長期休暇が当たり前になるには、まだまだ時間がかかりそうですが、都市部の人に地域の農地を貸し、土、日曜日にでも来てもらい、小屋暮らしなり、テント暮らしをしてもらって、菜園をしてもらうことはできると思いますよ。

指導者は、農業を引退した人たち、家庭菜園ができる人など、たくさんいますね。地域づくりを目指したクラインガルデンは、この指導を通じての交流こそが、必要なのです。借りっぱなし、貸しっぱなしで、普段の交流がないままは、何も生むものがありません。

この項目の最初の部分で、地域に移動する人が増えてくると話しましたが、ただ、やってくるだけでは、長続きしないのです。都会の人は、地域住民の気質や暮らしを知り、地域住民は、やってきた人がどんな人なのかを知る時間が必要なのです。

田舎暮らしを目的にしてきた人が、地域になじめずに「田舎は閉鎖的だ」という言葉を残して去っていく。地域の人は「都会人は決まりも守らん」と反目することがあります。これは、どちらも正しく、どちらも間違っていないのです。

双方が理解できないまま、せっかくの機会を両方が失うという結果を招いてしまうのです。

地域の人が、地域のことをよく知っていて、生き生きと暮らす様子を見せ、触れ合いの時間を十分に作っていければ、このクラインガルデンを目的にした人にも、住居を求めて様子を見にきた人にも、興味深い地域になると思いますよ。

地域に、いろんな人たちが気軽に触れ合える場所を作るのも一考ですね。これは、のちに話しますが、私がやった「白姓天国」を読んでみてください。

宮　血が生き生きで「血生き」ですか。
青　人がいったしゃれを何度も言うもんじゃない。言ったおれが恥ずかしいんだから。
宮　でも人間関係が希薄だったり、事務的な対応だったりするのを『血が通わない』といいます。「血生き」って的を射ているしゃれですね。
青　ほんと（にっこり）。
宮　ほら、自分でもまんざらじゃないって思っているでしょ。現金なんだから。
青　現金は欲しいなあ。くれる？
宮　そりゃ私も欲しい。今、言った現金は、お金が絡んだり、褒められたりすると急に態度が変わる様子を現金といって……。
青　何でもいいから金をくれ！　同情するなら金をくれ！
宮　古いテレビドラマの名文句ですよ、それは。じゃあ、青ちゃんは、今、現金収入はどうやって得てるの？　なんでご飯食べてるの？

青　え、ご飯？　はしと茶碗で。

宮　そうじゃなくて、職業のこと。

青　そういや俺は、会社勤めしたこと一度もない。アルバイト、調査をした報酬なんかで食ってきた。でもね、今はちゃんと職に就いているのよ。ごほん。

宮　ほう、その職業とは。

青　うどん屋の店長！

宮　青ちゃんがうどん屋の店長？　じゃ、その話を聞かせてよ。

青　細く短くやってるうどん店。

うどん屋のおやじです

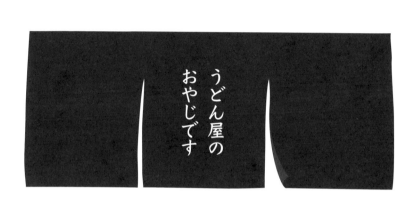

そろってうどんを食え!

「いらっしゃい。『天ぷら盛うどん』ですね。少々お待ちを」

私の経営するうどん屋「千年屋」にお客さんが来ました。売れ筋のメニュー「天ぷら盛うどん」の注文が入りました。

天ぷらの具材は、春であれば、山から摘んできたタラの芽が人気です。夏には、ピーマンにオクラなど、四季に応じて、一番旬なものを選びます。自家製の生シイタケ、地元産の玉ネギ、ナスなどの野菜を揚げます。何が出るかは、そのときのお楽しみ。

鹿児島産のかつお節、北海道産の昆布からとっただしを温め、柔らかさが自慢の博多うどんの細麺をゆでて、丼にいれて。その上に揚げたての天ぷらを盛り付けます。

「はい、お待ちどうさま」

天ぷらとだしがほどよくなじんでいると思いますよ。これにお好みによって、私が作った柚《ゆ》子《ず》胡《こ》椒《しょう》が評判なのです。入れ過ぎたら、辛いですよ。

メニューは、ほかに「フワフワ玉子鍋うどん」と焼き飯、焼きおにぎりぐらい。夏場には、友達が宮崎などに行って釣ってきてくれる天然ヤマメの天ぷら。これが時々二十センチ超えもありますｰ。アイスクリームもありますよ。

おや、三十代ぐらいの四人連れがやってきました。男三人、女性一人です。

「ぼくは天ぷら盛うどん」「私もそのうどん」「おれは焼き飯にしようかな」

「え、焼き飯？　おいおい、腕は二本しかないよ。うどんじゃだめかい？　ぜいたくなんやねえ（笑）」

「あのー、やっぱりうどんでいいです」

「いや、焼き飯でいいのよ。ちょっと時間がかかるだけだよ。え、うどんでいいの？　そう、ありがとう。うどん四つね」

いや、お客さんが焼き飯って言っているのですから、それでいいのですが、手間がかかるので、ついつい本音がでてしまいました（笑）。

駐車場入り口の看板に「ぶきっちょおやじのおもてなし」と書いています通り、愛想もない、実に素朴なうどん屋です。入り口には、鐘を取り付けています。旧国鉄の駅で使われていた鐘です。国鉄払下

千年屋の天ぷら盛うどん

げ物品の販売会で購入したものです。カーンといい音です。鳴らしてもらったら、あーお客さんだ、と分かります。和田アキ子さんのヒット曲にあやかって「この鐘を鳴らすのはアナタ！」と、張り紙をしていますよ。

千年屋の由来

この千年屋は、二〇一三（平成二十五）年冬に開店しました。場所は、福岡県のほぼ中央に位置する嘉麻市にあります。この街の市街地から同県東峰村小石原へとつなぐ国道211号線沿いの、桑野という所です。遠賀川の源流がある馬見山《うまみやま》（九七八メートル）の麓です。田舎ですよ。

この千年屋には、私が会長を務める「遠賀川源流サケの会」の本部も置いています。これについては、後ほどお話ししましょう。

建物を見ると驚かれるかもしれません。築百年は超えていようかという木造一部二階建て。改修を重ねて、今に生き残っています。古いですよ。ここを食べ物の店舗にするには、それなりの訳がありました。

私の自宅は、嘉麻市鴨生にありますが、街づくりの仲間たちが集う拠点は同市馬見の宮小路というところに構えていました。プレハブ小屋のお粗末な建物と畑などがあり、「白姓《ひやくしょう》天国」と名付けていましたが、あ、これも後に話ししますが、ここを引き払うことになり、次の拠点となる場所探しをしました。

すると、福岡市に住む知人の医者が、「親戚の家が廃屋になっているので使ってくれ」と持ち掛けてきたのです。見るとなるほど、廃屋でした。あまりに古くて（失礼）、返事を渋っていると、中にあった古い家具類、生活用具などをきれいに片付けてくれ、清掃もしてくれたのです。こうなると、断りづらくなって……。

その医者は、子どものころ遊びに来たときの思い出が詰まったこの家を取り壊すのにためらいがあり、活用したかったのでしょう。その思いが痛いほど伝わってきたので、借りることにしたのです。

借りて何をするか。いろいろと考えましたが、北九州市の大手うどん店の先代経営者が、だしの取り方、うどんの打ち方も教える、といいますので、その指導を受けてうどん屋になりました。当初は、うどんも自分で打っていましたが、とても時間が足りなくて、麺は博多から仕入れています。

千年屋の前にあるえびす碑

この家屋の歴史を見ると、江戸時代末期、街道添いの茶店だったようです。そばにえびすさんの石碑がありますが、そこに刻まれた文字は「丁卯《ひのとう》慶応三　千年屋吾平」とあります。「丁卯」の年は、確かに慶応三年です。それは、一八六七年、江戸幕府が大政奉還をした年です。

その医者も祖先のことは詳しくは分からないようですが、えびすさんを建立した吾平という人は、大分の国東半島あたりから来たようだ、とのことです。その人が名乗った「千年屋」をこのうどん屋の屋号としていただきました。

屋号一つとっても、これだけの意味があります。「よそ者」だった私が、地域に生きていくということは、やはりその地域につながることだと思って、あえて千年屋の屋号を名乗りました。

千年屋の中央には、私の手作りのいろりを置いています。いろりに驚かれる人もいますが、今ではうちの店のシンボルになっています。私がまちづくりや地域活動に関わってきた証がこのいろりなのです。

私が一九九三（平成五）年、初めて嘉麻市（当時は嘉穂町）に来たとき、山林の中に立てたテントの下に、丸太で組んだいろりを作りました。やがてそこは「白姓天国」と名付けて、プレハブ小屋の中に作ったいろりを置いて、みんなで囲んでわいわいとまちづくりの話題で盛り上がっていました。

話が盛り上がっている途中で、食事の時間だ、準備だと、話を中断し、あるいは一時解散するよりも、みんなが火を囲んで料理しながら、食べながらも話し合いができる、これがいろりなのです。

いろりを作る……、大工の経験などない私ですが、必要に迫られれば、何だってします。かつて、野外活動を実践し、その素晴らしさを広めたりしながら、これまで生きてきた体験があったからこそ、こんな芸当ができるのですね。

千年屋には、普段から、ドライブの途中に立ち寄るお客さんがありました。また、福岡県東峰村の小石原焼のイベントなどがあるときなどは、アルバイトを雇っても追いつかないほど、客が来て大忙しでした。

ところが、二〇二〇（令和二）年初めから、日本にも新型コロナウイルスの感染が広がりました。その影響もあってのことでしょう。お客さんの足がぱったりと途絶えましたよ。まあ、今は、アルバイトもいないし、私のたばこ銭にでもなれば、と思っているくらいですから、客は少なくても、経営はびくともしません。元々が火の車ですから（笑）。

ここで簡単に自己紹介

私は、青木宣人。せんじんと読みます。一九四〇（昭和十五）年二月十三日、熊本県平真城村、現在の大津町で、七人きょうだいの末っ子として生まれました。父親は職業軍人で、一九四四年に戦死しています。母一人で子ども七人を育てましたから並大抵のことではなかったと思います。もちろん貧乏でした。

名前の「宣」という文字は、「考えや教えを広く知らせる」といった意味があります。のちに講演をしたり、まちづくりなどで各方面に提言をしたりする機会がありましたから、「名は体を表す」のことわざが当たっている例かもしれません。

「肥後もっこす」が、北海道大学農学部に進学して林学を学び、卒業後は、ドイツに留学するために欧州へと行きましたが、これが頓挫し、各国を放浪しました。この放浪の様子がマスコミに取材されることになり、「冒険家」と呼ばれたこともあります。いったん、熊本へ帰郷しましたが、また、北海道大学に戻り再度、樹木の研究をしました。北海道を拠点に海外へ出かけ、各国の樹木を見て、砂漠も歩きました。これらの体験が基になって、講演やテレビの仕事につながったのでした。

そのうち母親が、熊本に戻るように言ってきました。でも熊本には帰る気持ちになれず、距離的に近い福岡市に居住することになりました。都会の暮らしですね。電気、ガスが整備され、食料などはスーパーで買うことができる。便利な暮らしをするうち、なんとも味気なさを感じました。たくさんの人が、この生活を当然と思っていることに大きな疑問が沸いてきたのです。

便利な暮らしを否定はしません。ですが、ときには、この便利さから離れ、自然に身を置き、自然に触れて体験し、不便ながらも生き生きとした暮らしを体感することを勧めようと、西日本アウトドア協会を設立し、運営しました。これは、私のまちづくりの原点というか、起爆剤になっていきます。以上、簡単すぎる自己紹介です。

「鈍行青宮号」の笑ーと漫才（その3）

宮　いやーうどんの「千年屋」の雰囲気がよくわかりました。客を客とも思ってない。

青　客は大切にしてますよ。ただ、グループの客がみんなばらばらの品を注文したら、時間がかかるよ、待ち時間がもったいないよ、という老婆心。でもね、うちのうどん食べると、幸せになります。

宮　また老婆心かいな。ほう、どうして幸せになるの？

青　「運」が「どーん」と、やってくる。これぞ、うどん。

宮　それやったらどこのうどんも一緒やないかい。

さて、前回、青ちゃんの簡単な自己紹介も聞きました。これから青ちゃんをどんどん裸にしていこうと。

青　いやーん、この年で男から脱がされたくなーい。のりピーの介護士さんがいい。

宮　そういわんと。な、悪いようにはせん。言うこと聞いて……。誰がじゃい。そうじゃないの。のりピーじゃなくて、市原さんの家政婦でいきましょう。いや、そうでもない。

青　とにかく、青ちゃんの人生を聞こうと。「千年屋」の前の「白姓天国」の話やら面白そうですやん。それに知ってますよ。鮭の人工孵化と養殖、遠賀川への放流なんかの活動。それを教えてくださいよ。

宮　そりゃ、鮭をシャケというなら和食、サーモンならば洋食。ところで何の実績もないおれの人生を聞いてどうするのよ。ほとんどはったりで生きてきた、うどん屋の人生よ。

青　どういうこと？

宮　「言う（湯）ばっかり」

遠賀川源流にやってきた

「白姓天国」開設

私は、一九九三（平成五）年に福岡県嘉穂町（現嘉麻市）宮小路の山中に住み着きました。ここが、前回に少し触れた「白姓天国《ひゃくしょう》」になるのです。

それまでの約十年間は、福岡市を拠点に「西日本アウトドア協会」を組織してその代表となり、登山やキャンプ、カヌーなどの遊びを教えてきました。この話ものちに譲ります。

この協会の活動を休止し、次の「居場所」を探していたとき、知り合いの会社社長が、嘉穂町宮小路に所有する山林を自由に使っていいよ、との申し出があったのです。

周囲には、果樹園が何カ所かあって、リンゴ、ナシを栽培し、夏から秋にかけて、観光客を迎える「九州りんご村」と呼ばれているところの隣接地でした。私は、テントを持って入り込みました。

山林。確かに木が育っていますが、何年も手入れはされていません。草は伸び放題。そんな場所にテントを張り、ランタンを灯しての暮らしです。必要なものは車で街まで下りて買い出しに行き、飯盒炊さんです。アウトドアの魅力を教えてきた私です。こんな暮らしは、お手の物です。そのうち、杉を伐り、鎌一つで草刈りをし、鍬を打ちこんで畑を開きました。

白姓天国の畑で収穫する人たち

作物ができるようになったころ、福岡市時代の友達が面白がって遊びに来たりしました。また、福岡県内の大学で非常勤講師をしていたときの教え子の女の子たちも、私の野営を知り、遊びに来ては宿泊していきます。その娘たちが言うには、私は「じいちゃん先生」とか呼ばれて親しまれていたようです。ときには、おやじたち、ときには娘たちと食事をして、酒を飲んだり、ギターを弾いて歌ったりして、キャンプファイヤーを楽しんでいました。

驚いたのは近くの人たちです。いったい何者だろうか？　街では、「宗教の集団が来ている」とのうわさも上がったといいます。一九九〇（平成二）年、熊本県波野村（当時）で、オウム真理教（同）が広い土地を取得したことが発端になり、数年をかけての教団進出阻止運動が、大きく報道されていたころでしたからね。地元の警察が何回も職務質問に来ましたよ。

やがて、地域の人が、ここに来て話をしにくるようになりました。様子をみながら、私が何者なのかを探る「調査」にきたのですね。

何度か話すうちに、どうやら妙な宗教団体ではないとの誤解が解けたようです。そのうち、地域の人も遊びに来てくれるようになりました。鎌一本で草刈りをしているのを知って、刈り払い機を貸してくれる人も現れました。

そのころです。嘉穂町役場の職員が、大分県の町の事業を視察で訪問したとき、その応対をした担当者から「嘉穂町から来たのでしょ？　福岡県の嘉穂町ですよね」と念を押されたそうです。「嘉穂町なら、青木さんという人が住んでいますよ。その事業のことなら青木さんに聞いた方が早いです」と言われたそうです。

もう何年も前、その町の事業の計画段階から、私がアドバイスをしていたのです。嘉穂町のその役場職員も、私の所にやってきて、交流が始まりました。その役場職員は、同僚を連れてやってくるようになりました。こんなことが契機となって、いろんな人との出会いが広がっていったのです。

杉林の中を開墾して約九十平方メートルのプレハブ小屋を建てて、この場所を「スポーツ農園白姓天国」と名付けました。一九九四（平成六）年五月のことでした。昔から、米や野菜を作り出す百姓の凄《すご》さに敬意を持っていました。私はどうあがいても、百姓にはなれない。一つ足りないところにいるので「白姓」としました。

杉《すぎ》林の中にテント、ハンモック、ビニールシートを屋根にした炊事場、バーベキューができる炉などを作りました。知人たちが集まることもあれば、口コミで知った大手企業が、社員たちの研修として利用するようにもなりました。

電気もガスもない中で食事の準備をし、サワガニや小魚を捕るなど、いろいろなことが体験できて、それなりに人気でしたよ。キャンプファイヤーを囲んでいた人に孵化前のセミが上り、その人の袖《そで》で孵化したこともありました。新しい命の生まれる瞬間に立ち合えた、と、周りの人たちは、感動し大喜びしました。

私は、普段からこの周辺の山を見ていました。杉、桧《ひのき》の山で、やはり、間伐、枝打ちなどの手入れがされていないので、荒れています。間もなく、山の所有者の許可を得て、谷川近くに、伐った木を並べて固定してデッキを作ったのです。谷川のせせらぎ、吹き抜ける風、マイナスイオンを含んだようなおいしい空気などがあり、訪れた人が、心身が癒されると大喜びしました。

食べて飲んで、の白姓天国

私がさらにデッキを増設して、憩いの場を増やしたところ、知り合いになった地元の女性たちが流しそうめんを出す、缶ビールを出すなどの有料サービスを始めました。納涼貸し床です。

流しそうめんでは、手間がかかり過ぎるからと、鶏肉、野菜、コンロを付けて「焼き鳥セット」として提供するようになると、これがにぎわって、結構な収入になりました。その中心になった女性二人の名が偶然「ゆみ」であることと、当時、ユーミンこと、荒井由実さんがヒット曲を飛ばしていたことに重ねて「遊眠の森」と名付けて、人気になりました。これは、所有者の意向もあって二シーズンで終えましたけどね。

白姓天国は、週末になると、あちこちから人が集まるようになりました。私は、大学の非常勤講師のほか、自衛隊のある駐屯地でも定期的に講師をしていたことがあり、聴講した自衛官たちが訪ねてきたりしました。転勤した後も遠方からやってくる者もいました。

若者がいる、自衛官はいる、町職員はいる、農家のおじさんはいる、正体不明の者もいる。酒を飲み、食べ物をつまみながら、夢、街づくり、自分のことなどを和気あいあいと語ります。自慢は、こうしてわいわいやっていても、一度たりとももめごと、けんかがなかったことです。楽しかったですよ。ここで出た思い付きのような話が、実際に行動につながった例がいくつもあります。

食べ物、酒はみんな持ち寄り。小屋の中が散らかってくれば、複数人が片づけをして、また、冷蔵庫に食料、飲み物を補充して、帰っていく、という具合でした。

この「白姓天国」は、私の人生の中でも「第二の人生の出発点」として大きな存在になっているのです。

鮭の人工孵化、成育実験開始

一年ぐらいたっていたでしょうか。白姓天国にやってくる中に福岡県直方市にある建設省遠賀川工事事務所（当時）の所長がいました。同じ北海道大学出身で、話も弾みました。私は、学生時代にアルバイトで水産庁の水産試験場で鮭、鱒《ます》の人工孵化作業をした経験がありました。

遠賀川河川内での鮭人工飼育にも挑戦

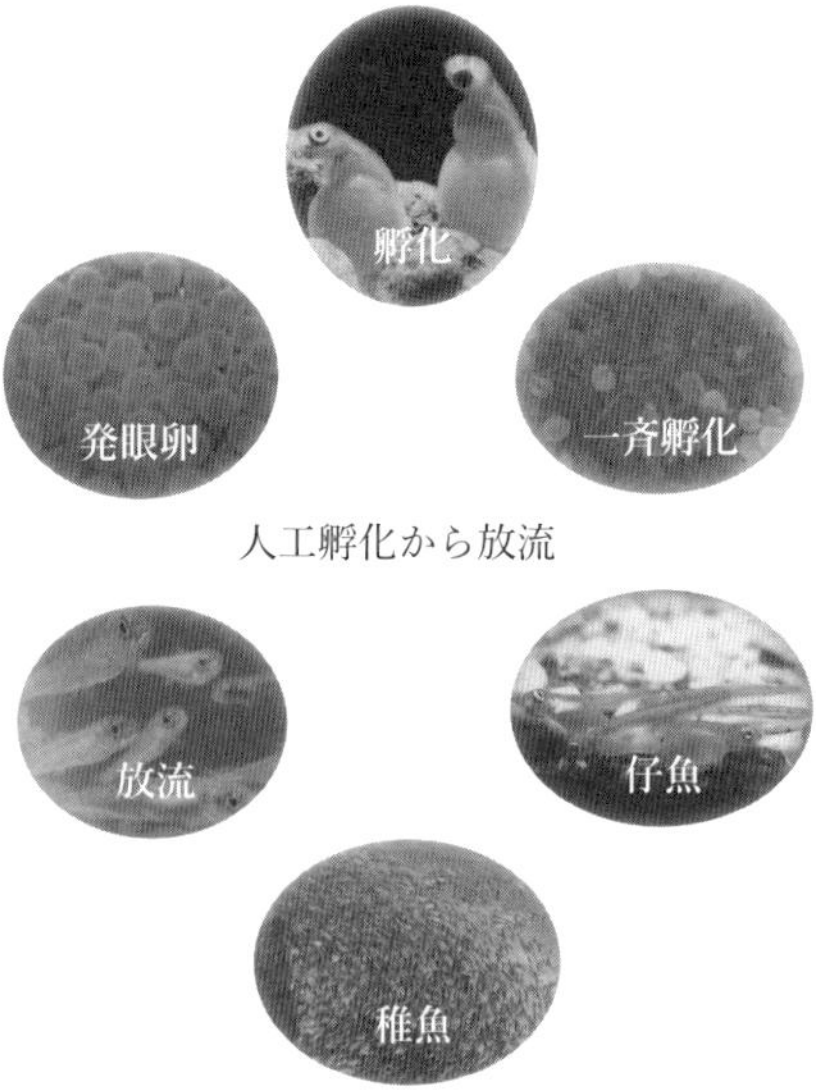

人工孵化から放流

それに渓流釣りが大好きで、鱒、ヤマメだけを狙っていました。

所長とそんな話をしたからかどうかは別にして、所長は「鮭を遠賀川のシンボルにしたい」と言うようになりました。遠賀川は、日本で鮭が遡上する南限の川なのです。

所長は「魚がのぼりやすい川づくり」事業を始めようと、本庁に企画書を提出したといいます。もちろん、鮭の遡上を狙ってのことです。これが認められ、一九九六（平成八）年にその実証実験のための予算が付き、所長は、遠賀川の水による鮭の孵化、成育実験の業務を私に依頼してきたのです。

鮭遡上南限の川

遠賀川は、主に馬見山の谷川が集まり、直方市、中間市、北九州市、遠賀郡などを流域にして、響灘に注ぐ延長六一キロの一級河川です。私は、遠賀川が、鮭が遡上する南限の川ということも、漠然と知っておりました。

これは大変な仕事だと思い、一度は断ったのですが、所長は、私の鮭の人工孵化の経験を高く評価したのでしょう。押し切られるような形で引き受けることになりました。

国の事業ですから、これは報酬をいただきました。だから、生半可な態度ではいけないと、遠賀川と鮭にまつわる歴史などを調べたり、福岡県飯塚市にある西日本新聞社筑豊総局を訪ね、古い新聞記事を読ませてもらったりしました。

嘉穂町大隈には、全国で唯一といわれる鮭を祭る神社、鮭神社があります。縁起は奈良時代の七六九年といわれますから、千二百年を超える歴史がある神社です。鮭が遡る年は、豊作になるといわれており、農業者には、特に信仰を集めていたのでしょう。

　鮭が遡るには、豊富な水量が必要です。それには適度な雨が降り、さらに護岸を壊すような自然災害も起きないことが大事です。これは、農作物が育つ条件の一つですから、なるほど、科学的な根拠と一致しています。当時の人々が、それをちゃんと知っていたということでしょう。

　飯塚市の飯塚小学校には一九二六（大正十五）年に遠賀川の支流・穂波川で捕獲された鮭のホルマリン漬けの標本がありました。また、西日本新聞の記事には、一九七八（昭和五十三）年十二月十三日に同県水巻町で鮭が捕獲されている記事がありました。この日は、鮭神社の年に一度の神事「献鮭祭《けんけいさい》」の日。この日に、鮭が捕獲されるとは、氏子さんたちが「奇跡」とばかりに喜ぶ姿が報じられています。その後も本流、支流の流域各地で漁網にかかっていたり、死骸が見つかったりしていることが、新聞で分かりました。

　地元の聞き取りで知った古い伝承ですが、直方市の女性が、遠賀川支流の川で芋を洗っていると鮭がいて、この川ではないよと、鮭を抱えて遠賀川本流に戻した、という話や、石炭を運ぶ船「川艜《かわひらた》」の船頭が捕獲し、食べたがうまくなかった、というものもありました。

　このように、流域には鮭が暮らしに密着していることも分かりました。ではなぜ、多くの人に知られていないのか。

地域の基幹産業であった筑豊炭田の影響で、遠賀川は「ぜんざい川」と呼ばれ、ぜんざいの汁の色、またはチョコレート色の水が流れている、といわれました。流域にあった石炭を洗う洗炭場の排水が流れ込んだためです。

そんな「ぜんざい川」でも、生活排水や工業廃水の流入はまだ少なく、化学物質の汚染とは違い、鮭の遡上が全くできない水質ではなかったようです。鮭はわずかながら戻ってきていたのだと思います。「ぜんざい川」のために、内水面漁業が盛んではないことから、鮭の捕獲が極めて少なかったこと、水の汚れのために鮭が泳いでいても見つかりにくかったことが考えられます。

筑豊炭田は、一九六〇年代のエネルギー革命のために衰退し、一九七六（昭和五十一）年に最後の炭坑が閉山しました。国や近隣の市町は、産業構造の転換に大わらわになったことや、一九五九～七三年の高度経済成長の時代もあり、経済最優先で、鮭に関心が向かなかったこともありましょう。

遠賀川流域では、鮭神社の氏子のみなさんが、毎年、静かに「神の使い」である鮭の遡上を待ちわびている、という時代が経過してきたのです。その間、献鮭祭では、大根を縦に割り、赤い唐辛子《とうがらし》で目をつくり、鮭に見立てて献鮭していました。

ともあれ、思わぬところから、鮭の人工孵化・成育・放流実験にかかわることになった私ですが、実は、同じ場所に鮭の先駆的な方がおられました。嘉穂町で、酒造会社を営む大里叶《おおさとかのう》さん（故人）が、「遠賀川に鮭を呼び戻す会」を発足させ、北海道から鮭の卵を取り寄せ、人工孵化を試みて、一九八五（昭和六十）年春に一万匹の鮭の稚魚を放流しました。以後、約二万匹の放流を続けていました。私は、敬意を持って接し、お互いに情報交換をしながら、それぞれで取り組んでいきました。

私の実験ですが、嘉穂町宮吉にある民家の庭を借りて、プレハブの建物を造りました。北海道時代を思い出して、孵化槽を二基、強化プラスチック製の育成槽を二つ、川から水を引く配管などを配置しました。新潟県から鮭の受精卵二万粒を取り寄せて、孵化実験を始めました。

卵を孵化槽に入れ、目視での汚れの確認や、計測器を使って化学物質による汚れ、電導率などを見るほか、水温などを毎日記録しました。稚魚になるまでは、日光、紫外線、蛍光灯などの光は嫌いますから、カーテンを閉めての薄暗い部屋での作業です。

鮭は日数で孵化するのではなく、積算温度が約四八〇度になると孵化します。分かりやすくいうと一〇度の水温で二日間過ごすと積算温度は二〇度です。続いて一五度の水で二日間過ごすと三〇度が加わり積算温度は計五〇度となります。もちろん、温度を上げればいいというものではありません。鮭は低水温魚ですから、水温一五度以下で育てます。

私がかつて体験した北海道とこの嘉穂町では、気候、気温、河川水の温度、水質などは全く違っています。この卵たちが、心地よく過ごすための適温などを探りながらの実験です。見続けていくと、薄いピンクの卵が白くなってきます。死んだのです。すぐに取り除かないと、悪い細菌の発生源となります。多く死ぬと水質悪化、温度が不適切なのか、いろいろ考え、原因を探ります。そのために毎日の記録が欠かせないのです。

それに突然湧いてくる疑問や、判断に迷うときは、九州大学農学部の木村清朗教授（当時）に尋ねました。後ほど話しますが、一時、九州大学農学部に出入りさせてもらっていたときからの交流です。木村教授は、時折、嘉穂町の山中にまで来てくれて、直接指導もしてくれました。ありがたいことです。また、北海道の水産試験場の人たちからも丁寧な指導をもらいました。この話の中で何度も言いますが、人間関係は大事にしておくことですね。

思わぬ汚染水で五千匹が死ぬ

成長が進むと、卵にくっきりとした目が確認できます。この段階で積算温度三〇〇度です。やがて、孵化しそのおなかには卵の残り「臍嚢《さいのう》」を抱いた約三センチの稚魚が一斉に誕生しました。観察するとおなかが割れています。稚魚たちは、孵化槽の底に沈みます。静かな所でサイノウを栄養源にして成長するのです。

積算温度が八〇〇度になったころ、また水面に浮かび上がってきます。臍嚢を食べつくしています。泳ぐ力も増し、孵化槽から育成槽へと移っていきます。育成槽で遊泳しているうちにおなかが完全に癒着します。

この状態で初めての餌を与えます。プランクトンを粉末にした餌です。見た目は、ぬかのようです。鮭は、浮遊する餌しか食べません。餌の量を間違うと、底に沈殿し、水質悪化を招き、死につながりますから、水面に目の高さを合わせるようによく見ながらの餌の量を決めていきます。

あるときは、河川から孵化場に水を引くための給水ポンプに、体に張る湿布薬が絡んでいました。この湿布薬の薬剤が孵化場に流れ込み、多くの稚魚が死んでしまいました。もっとひどいのが、上流で河川工事があり、コンクリートミキサー車を川で洗っていて、その汚れた水のために一度に五千匹が死にました。農薬などの影響は、ある程度は予想していて、仕方ないのですが、ごみ箱に捨てるべきものや、大量の汚染水を出す心無い行為で稚魚が死ぬことは、やはり悔しかったですよ。

育成槽には、北半球でできる水の渦巻きに合わせて、右回りの流れをつけています。稚魚は、その流れを上る形で泳ぎます。遊泳力を養うのです。体長約七センチ、泳ぐ力が強くなったころは、春です。約二万個あった卵でしたが、ここまで成長できたのは約一万匹です。

初年にしては、自分で合格点、まあ、八十点はもらっていいと思っています。これまでのデータから、これからもっと確立を上げていけばいいでしょう。この稚魚は、遠賀川工事事務所前の遠賀川に放流しました。この実験の二回目は、同事務所内で行いました。

児童文学作品になりました

三回目の一九九八（平成十）年には、実験場を足白《あしじろ》小学校（二〇一四年に閉校）のそばに移しました。児童たちも参加して、鮭の孵化や成育の様子を観察、記録するようになりました。小学校や校区にある団体の協力を受けてのことです。

この様子は、児童文学者の倉掛晴美さんの熱心な取材を受け、『サケよ、ふるさとの川へ』（石風社）という文学作品として出版されています。物語には、先に紹介した大里叶さんや、おっちゃんの「青木さん」が、鮭の人工孵化に取り組みながら、児童たちと交流する様子が活写されています。「青木さん」は、私がモデルになっています（笑）。

その一九九八年のことですが、実際に遠賀川でも孵化を試みました。遠賀川の川床で卵から孵化すれば、戻ってくる鮭も増えるのではないかとの試みです。

卵を籠の中に入れ、川床に沈め、湧き水に見立てて、パイプから水を当てました。川底から湧き上がるようにパイプを埋設するのには、パワーショベルで川底を深く掘ってパイプを敷設するのですが、それはもう大工事。恐縮しましたし、実験を進める責任感も改めて沸いてきました。

なぜ、これほどの大工事をしたのか。それは、自然の鮭は、湧き水のあるきれいな川底に産卵するのです。鮭の生息域は、寒い所ですから、湧き水があれば凍結をしないことを鮭は知っているのですね。できるだけ自然に近づけるために、パイプから送り出す水を湧き水のようにする必要があったのです。

この経過を観察するために、寒い時期に川面に腹ばいになったり、また、一連の孵化実験では、破損した排水管の修理で頭から水をかぶったりしました。でも、苦痛に思うことは一度もなかったのです。一所懸命でしたから、むしろ、生きがいというか、楽しかったですよ。その遠賀川の川床での孵化率は九〇パーセント近かったです。鮭が遡上して、この川に産卵しても、孵化できるのだと確信しました。

一般的に鮭は河川を下ると、北太平洋のベーリング海で大きくなります。冬場になるとアラスカ湾へと移り越冬し、これを繰り返しながら四年で成熟魚になり、秋になると南下を始め、四年後にそれぞれ生まれた川を目指すのです。母川回帰といいます。

なぜ、生まれた川が分かるのか。これがまだ、解明されていません。太陽、磁気で方向や位置を理解し、日本に近づくと、生まれた川の何らかの物質や特徴など、例えばアミノ酸濃度などを鼻で感じ取って生まれた川を特定して、遡上するのではないかといわれます。

長距離を懸命に泳ぎ、護岸や川底に体をぶつけ、傷つきながら、くたくたに疲れ果て、きれいな水のある場所を選び抜いて産卵します。子孫を残すための壮絶な戦いですね。

遡上調査も実施

人工孵化・成育放流実験は、鮭の遡上調査も業務の一つです。遠賀川の最下流付近にある福岡県芦屋町の遠賀川河口堰の魚道に網をかけての調査です。放流を始めて四年目の一九九九（平成十一）年十一月六日、体長六十センチの雌《めす》、五日後の十一月十一日に五十五センチの雌を捕獲しました。捕獲後に再放流しましたが、結果的に行方不明になりました。また、二〇〇一（平成十三）年十一月十九日、福岡県稲築町の遠賀川で六十五センチの雄《おす》が捕獲され、これは剝製にして、同年十二月十三日の献鮭祭に奉納されました。

他の年にも多くの目撃情報は寄せられていますが、私が現認していないので、参考記録にとどめて、公式記録にはしていません。でもこれで、放流した鮭は、数は少ないものの間違いなく、帰ってきている、という実験結果は得られました。

私の私的な調査で、一九八九（平成元）年〜一九九八（平成十）年の間にもほぼ毎年、数匹ずつの鮭が捕獲されています。この多くは、大里さんの放流によるものでしょうし、もしや、自然の産卵によるものもあるかもしれません。

二〇〇一年、その大里叶さんの「遠賀川に鮭を呼び戻す会」の活動と私の実験が合流する形で、私が全部を引き継ぐことになりました。大里さんの高齢化もあってのことです。

そして、省庁再編により、建設省などから移行した国土交通省遠賀川河川事務所からの委託による私の鮭の人工孵化放流実験は、二〇〇三（平成十五）年に終了しました。私は、一定の結果を出せたことで、何とも言えない達成感を味わいました。

実験で使用した備品などは、全部を私が引き継ぐことになりました。これに伴い、私がメンバーとして参加していた「NPO法人遠賀川流域住民の会」が、嘉穂町の宮小路果樹組合の配水設備の建物を借りて、人工孵化・成育・放流を継続することになりました。

二〇〇六（平成十八）年、嘉穂町が周辺市町との合併により嘉麻市となりました。

鮭放流で河川環境保全訴え

二〇一〇（平成二十二）年には「遠賀川源流サケの会」が新たに発足し、人工孵化放流を継続しました。その翌年には、新しい建屋が完成し、一度に八万匹の人工孵化成育ができるようになりました。この頃から、活動を多くの人に知ってもらおうと、市民、小学生を巻き込んだ放流活動を展開することになりました。仲間たちが、放流に協力してくれる小中学校、幼稚園、保育園などを探してきてくれます。

放流できる三月初旬から同二十日ぐらいまでの間、私たちが稚魚を運び、遠賀川、各支流など十数カ所で、それぞれの近くの子どもたちが集まってくれ、約五～七センチの稚魚を放ちます。毎年計約二千人が集まってくれます。

放流する前に、私が参加者たちに話をします。

「こんな小さな鮭が、今から遠賀川で泳ぎ始めるよ。そこには、より大きな魚やカエルが食べようと狙っているよ。必死で逃げるのだけど、食べられるかもしれない。病気するかもしれない。また、自分もより小さな生き物を探して食べて、生きていくんだよ。こんな小さな体で、たくさんの危険に遭いながら大きくなって、海に出て、北海道のもっと先のもっと寒いベーリング海まで行って、もっともっと大きくなるんだよ。だから、みんなもおうちの人たちのいうことをよーく聞いて、けがや病気をしないように、しっかり大きくなるんだよ」

子どもたちは、こんな話に驚いたり、悲しんだりして、複雑な思いのようです。でも小さな命を目の前にして、生き生きとした表情を見せてくれますよ。そうして一人一人が、鮭を川に放ちます。稚魚は、大きな川に戸惑いながら、足元に戻ったり、上流に向かったりして、子どもたちの視界から消えていきます。

こんな体験から、命、川、もっと大きくいえば自然環境の大切さを体で感じてもらえたらとの願いを込めています。

稚魚は、当分、その付近の川にとどまり、雨が降って増水するのを機に川を下ります。秋ごろには、日本海の北部まで移動します。

そうそう。この事業の資金は、いろいろな民間企業の地域活動や環境保護活動支援を目指した基金や、公有地などの無償使用を認めてくれている嘉麻市、地域住民など、公民合わせての支援で成り立っていることも紹介しておきます。その恩返しが、子どもたちの笑顔だし、遠賀川に戻ってくる鮭を増やしていくことですね。

この放流活動を冷ややかに見る人たちもいます。「鮭の稚魚を放流しても、ブラックバスに食べられてしまうだけだ」と。確かにその可能性を否定できません。でも、そんな言葉を聞いてから、すぐに調査をしました。

毎年の放流を終えてから約二カ月間、自分で捕獲したり、釣り人からもらったりしたブラックバスを調査しています。その数は毎年五百匹に上ります。胃の内容物を調べてみますが、鮭の稚魚はほとんど出てこないのです。

水中にもぐっての目視調査もしました。ブラックバスは、もう少し大きいウグイ（ハヤ）などを狙って捕食しているのです。獲物が「射程距離」まで来るのを静かに待って、ものすごいスピードで近づいて捕食しています。私の率直な考えですが、このエネルギーを費やすには、まだ小さい鮭の稚魚では物足りないのではないかと思います。

地域再生大賞の優秀賞に輝く

この一連の鮭人工孵化・成育・放流の事業をしてきた「遠賀川源流サケの会」が、二〇一九年二月、共同通信社と地方新聞社の四十六紙が設けた「地域再生大賞」の優秀賞に選ばれました。仲間たち、放流に協力してくれたたくさんの人たちのおかげですね。何より喜んだのは、鮭たちかなあ。鮭たちが、どんどん遠賀川に戻ってきてくれることが一番ですね。

十二月十三日。嘉麻市の鮭神社で献鮭祭が執り行われます。この日から、私は、例年通り、鮭の人工孵化の作業を始めます。「格闘」は、春が来て、鮭が七センチ前後に育ち、三月中下旬、放流するまで。体が続く限り、続けていきますよ。鮭と併せて、ヤマメの孵化、放流もしています。遠賀川源流では絶滅していたのですが、現在では、釣り人を楽しませるまでに定着しています。

宮　すげー。やっぱり青ちゃん、すごいじゃないですか。鮭の洋食と和食の話、じゃなかった人工孵化と成育、それに放流まで。

青　自慢話は鮭たいのだけど。

宮　何をおっしゃいますやら。これは自慢話じゃありません。青ちゃんの足跡です。

青　即席ラーメン？

宮　足跡です。立派な実績です。子どもたちの環境教育にもちゃんと役立っていてね。

青　優しいじいちゃんに見えるでしょ（見えない！）。でも、子どもたちには厳しいの。例えば、放流のやり方を説明しているのに聞かない子とか、川のそばに来てふざける子とかにはね、怒るのよ。一つ間違えれば、けがや命にかかわるからね。子どもに厳しいところを見た保護者には、私は評判悪いのよ。

宮　親に怒られる子って最近、少ないっていいますもんね。過保護の結果、いい子なんです

よ。だから、よそではめをはずすのかな？　他人から怒られること、その親も経験していないいかもしれない。

青　子どもたちに「放流しました」で終わってほしくないの。それぞれの道を歩むことになるだろうけど、鮭や川のこと、命のことをどこかで考え続ける人になってほしい。その意味でも、遠賀川の近くに住んでいるうちは、大人になるまで何回も鮭の放流をしてほしくて、鮭の人工孵化と成育を継続しているのよ。この年になってもね。

宮　「この年」とは傘寿超えでした。それでは、青ちゃんの若いころに戻りましょうよ。

青　えー、忘れとるがな。

宮　思い出すままで、はったり言っても結構。知った者はおりゃあせんから。それでは六十年前にセット。行きますよ。

青　「バック・トゥ・ザ・フューチャー」じゃないか！

※「バック・トゥ・ザ・フューチャー」。米国映画（一九八五年）。怪しげな科学者がタイムマシンを発明。それに乗った男子高校生が、両親たちが高校生だった時代に戻り、騒動が起こるSFコメディー映画。「2」「3」も製作されている。

青春時代をふりかえる

北海道大学農学部で林学専攻

自己紹介で少し話しましたが、現在の熊本県大津町で育った私が、一九五八（昭和三十三）年に北海道大学農学部に進学することになりました。札幌市に住む遠縁の者が、私を一時的に引き受けてくれていたため、高校は札幌市で卒業しました。大学進学は、母やきょうだいたちの支援があってのことです。苦しい暮らしなのによく、進学を許してくれました。

農学の中で何を専攻するかまだ決めていなかったのですが、担当教授の誘いもあって、林学を専攻することになりました。

最初の二年間は札幌市の大学で過ごしました。が、一九六〇年は、日米安全保障条約改正の年で、その前後は、改正案反対の学生運動の盛り上がりで、大学で講義は開かれず、勉強どころではありませんでした。田舎で育った私は、まだ社会、政治に疎くて、何のための運動なのかはほとんど知らない状況でした。

郷里からの仕送りは年に一万円でした。当時といえども、これでは暮らせません。少し前に話しました水産庁の水産試験場で鮭の人工孵化、雪下ろしのアルバイトで暮らしていました。ですから、学生運動には、参加しませんでした。のちに友人たちに話を聞けば「安保反対運動は、日本の米国従属から離れ、本当の独立国になるため」などと言う人もいて、そういうことか、と思った程度でした。今思えば、みんな純粋な気持ちで運動やっていたんだな。

大学生活後半の二年間は、十勝岳一帯の北大演習林がある上富良野町の学舎に移り、寄宿舎暮らしです。北海道の中心に縦横の線を引くと、その交差するところが上富良野町ですね。学舎、寄宿舎は、市街地からバスで三十分ぐらい乗ったところにありました。賄い付きですから、食う、寝るといった心配は要りません。数百メートルの隣には東京大学農学部の学舎、寄宿舎がありました。教授も講師も学生もよく交流していましたよ。

寄宿舎は数棟あって、私が住んだ寄宿舎には、大学院の博士課程、修士課程の人たちを含め三十人ぐらいが住んでいました。全体では何人ぐらいいたのでしょうか？　林学と言っても土壌、微生物、木の根、また、その周辺植物など、研究分野がいくつもあって、全員がそろうことなど、ほとんどありませんでしたから。

私は造林学を専攻していました。北海道特有のエゾマツ、トドマツ、シラカバ、ナラなど、季節によっての違い、生育などの研究ですね。「とにかく木を見て回ること」が教授の言葉でした。ですから、演習林の中に入っては木を見ていました。冬場は、スキーを履いて出ます。胸まで雪ですからね。坂を上るために、スキーの裏側には滑り止めのアザラシの皮を張り付けています。前には進めて、後ろには滑らないのです。まさに体力、気力、忍耐力の世界です。演習林を歩き回ることに関しては、誰にも負けなかったと思います。私は、広大な演習林の中でも迷うことはなかったです。元来の方向感覚と、同じ木でも、どこかに特徴や目印を見つけては、頭の中の地図に書き込んでいて、その木を見ただけで、自分の位置と寄宿舎の位置が判断できたようです。

時々、夜になっても戻らない学生がいたりして、探しに行くときは先頭でした。また、十勝岳に来た登山客が戻らない、という情報があったときは、自主捜索隊を組んで出かけたりもしました。この二年間に、遭難して亡くなった方を計三人見つけ、遺体をそりに乗せて運び、警察に渡しました。遺体のあった場所も説明できたのです。そんな厳しい自然との向き合いながらの勉強だったのです。

大学は、一九六二(昭和三十七)年に卒業しました。いや。したはずです。というのも、学生運動が激しく、卒業式などありませんでしたから。卒業前に教授から、就職はどうするのかとか、大学院に来るようにと、説得されたことや、大学同窓会の案内が届くことなどを思うと、卒業はしているかも。そんな時代だったのですね。

留学のはずが……各国放浪

私は、積極的に就職をしようとは思いませんでした。就職といえば「通勤し、会社に、業務に縛られるという生活」というイメージしかなかったのです。そこには、人間関係の構築があり、創造があり、社会発展に役立つ喜びなど、素晴らしい世界があるのでしょうが、先ほども言った通り、社会に対する未熟さがあって、魅力が沸かなかったのです。就職は性に合わない、という考えから脱出できませんでした。

教授が誘ってくれる大学院ですが、学費など金銭的な負担を母やきょうだいにこれ以上はかけられないという思いから、断念しました。教授には、欧州で独自に先行し研究が進んでいる森林環境学の勉強をしたい、という言葉でお茶を濁していたのです。

すると、その教授は、本当に西ドイツ（当時）にある林学の研究所に入る算段をまとめてくれたのです。引くに引けなくなり、就学ビザを取得し、有り金全部を持って西ドイツに向けて出発しました。頭陀袋一つです。イギリスについて、船でフランスに渡りました。これから西ドイツへ行くのに立ち往生してしまいました。

道というか、どういう経路で西ドイツへ行くか、分からなかったのです（笑）。情報を得る手立てもなかったのです。

考えてみれば無謀でした。フランス語もドイツ語も全く分からない状態で、留学なんて。こんな考えが沸いてきて、私はフランスにとどまることにしました。が、周囲の人に下手な英語で話してみても、相手にしてくれないのです。フランス人は、フランス語を「最も美しい言葉」という誇りを持っていて、仮に英語ができても、英語では答えないという気質があるのです。私のことを有色人種であり、フランス語をしゃべらないことから、まるで猿を見るような感じでした。

周囲に日本人はいません。そりゃ、そうでしょう。日本人の海外旅行が自由化されたのが、それから二年後の一九六四（昭和三十九）年四月一日のことです。そのときも外貨持ち出しは五百ドルまで、一人年に一回までという制限がありました。それまでは、業務か留学など、特別なことがない限り、海外には出られなかったのです。今の若い人には、信じられないでしょう。もっとも、二〇二〇（令和二）年以降、新型コロナウイルスの感染拡大で、海外旅行どころではない日々が続いていますがね。早く、収束することを願うばかりです。

フランス語習得が、当面の最重要課題となり、セーヌ川を運行する石炭運搬船に乗り組んで、アルバイトを兼ねて言葉を覚えようとしました。ところが、ここの労働者たちの言葉が、最も下品な言葉を使っていたのでした。いくらか覚えた私のフランス語を聞いた若い女性は「ノン、ノン」と言って「そんな言葉は使ったらだめ。汚らしい」。蔑みの態度でした。

運搬船での仕事をしながらの暮らしが中心になりました。そして、パリの郊外に出るようにもなりました。ブドウ収穫の繁忙期の農家に行くと、雇ってくれて、食事も出て、納屋に泊めてくれるのです。同じように雇われている人たちと、麦わらで作った寝台で雑魚寝《ざこね》です。私の穴だらけのズボンを見たマダムが、息子のズボンをくれましたが、この足が長いこと。裾を何折りもして、ようやく私に合うのですね。私より若い息子でしたが、足の長いこと。

こんなことから、少しずつ、遠くへ行く気持ちが出てきます。蒸気機関車の列車に乗ります。駅を出てすぐ、また、登り坂は、速度も緩やかで、そこを狙って飛び乗ります。降りるときは、同じように駅に入るとき、登り坂で速度が落ちたときに飛び降りる。ええ、これを日本でも、ここでも無賃乗車と言いますね。犯罪です。

オーストリア、スイス、イタリアなどに行きました。目的はなかったです。農家に頼んで働く、食事と宿にありつくという繰り返し。自転車を借りて……、もっとも持ち主から見れば「盗まれる」のですが、その自転車で移動したこともあります。

畑の作物も食べました。ニンジンがうまかったこと。盗みですね。道行く人が、木の葉を食べると、食べてみます。何の木だったのでしょう？　林学の勉強はしたものの、当時は北海道にあるような、北方系の樹木のこと以外は、ほとんど分からなかったですね。

スイスでしたか。農耕馬がひく二輪の荷馬車がおいてあって、手綱は木にぐるぐると巻き付けているだけ。持ち主は、立ち飲み屋の店先で酔っ払っているようです。歩くのもくたくたの状態でした。よしと、この馬車に乗り、次の街のそばまで走っていきました。子どものころ、裸馬に乗っていた経験が生きました。馬を放すと、もと来た道を戻り始めましたから、きっと持ち主の所へ帰っているはずです。私は、借りたつもりですが、これを、まあ、日本でも世界でも、常識でいえば無断使用、かっぱらい、窃盗でしょうかね。

こんな放浪をしていて、よく、不審者として通報とか、警察の世話にならなかったと思います。一つは、入国の際に許可された滞在日数はしっかりと守ったことです。それを守らないと、出国しようにも、できません。その次は、暴力沙汰を起こさなかったこと。三つ目、運が良かった、に尽きます。農家で働かせてもらい、寝食を提供してくれるなど、欧州の人々も情がありました。

ぼろぼろの服に汚い恰好をして、やせ細っておりました。フランスに来たときは六十キロあった体重は四十キロぐらいになっていました。これまで何とか、食事はしていたものの、肉と乳製品が主でした。これに慣れないのです。慢性的な下痢があって、歩いているときも、座っているときもめまいに悩まされていました。栄養失調ですね。死など、考えたことは毛頭ありませんから、懸命に食べて何とか命をつないでいました。

他称「冒険家」になった

二年後、私は、インドのニューデリーにおりました。市街地を歩いていますと、「日本人か？」と声を掛けられました。日本の大手新聞社のニューデリー支局の記者でした。支局に連れていかれ、シャワーを浴びさせてくれ、服、下着などを貸してくれました。いろいろと質問され、これまでの悪事や悲惨な暮らしを隠したかったこともあって「歩いてきた」と答えました。結果的に現地に配布する邦字紙に「欧州からユーラシア大陸を歩いた冒険家」として報道されたのです。

支局に泊めてもらっていると、ニューデリーにいた、おそらくここに駐在するビジネスマンの奥さんたちでしょう、そんな女性たちが次々に訪ねてきて、欧州の様子を聞きたがるのです。正直、国ぐらいは分かるものの、大きな都市はおろか、観光地めぐりをしたわけではなく、街の名前も知らないのです。閉口するというか、自身にいたたまれなくなって、早くここから離れたい気持ちです。

やがて、「冒険家」の記事が、日本の新聞にも転載されて、私の放浪が、熊本の家族に知れました。母親は、西ドイツで勉強しているものとばかり思っていたようで、「早く帰ってこい」という手紙をくれ、その新聞社を経由して帰国する旅費を送ってくれました。

ニューデリーの新聞社支局を歩いて出たものの、やはりめまいがして、歩けなくなりました。小さな空港があってデンマークコペンハーゲン行きの飛行機がありました。「とにかくこれに乗ろう」とコペンハーゲンにたどり着きました。

強制送還と三年の出国禁止

ここで日本大使館を見つけ、助けを求めたのです。事情を話すと、こってりと絞られました。それでも、巻きずしをごちそうしてもらい、ホテルを手配してくれ、医師の診察を受けさせてくれました。そして、結果は強制送還と三年間の出国禁止です。

羽田空港に着きましたが、一般の客とは違う通路を歩かされ、入国管理センター（当時）の部屋に通されました。そこで、デンマークでかかったホテル代、食事や診療費、飛行機代など計四十数万円を請求されました。

「月賦で払っていいでしょうか？」

「月賦で払っていいですよ」

そんなやり取りをしていますと、何とそこに、母親が現れました。強制送還は、郷里に帰すというのが決まりだそうで、身元引受人として呼び出されていたのです。思えば、大学時代に一度か二度、帰郷したぐらい。母親と会うのも久しぶりでした。

入国管理センターの職員が「お母さん、安心してください。この人は何も悪いことはしていませんせん。大丈夫ですよ。立て替えていた経費も月賦で払うと言ってくれています。ですから、何も心配要りません」

母親は「お金は私が今お払いします」とその大金を払ってくれました。兄たちから「金がかかるぞ」と言われ、方々から集めてきたお金でしょう。ただ、ただ、申し訳ないと腹の底から思いましたよ。

一九六四（昭和三十九）年十月に開催された東京五輪の余韻が残っている頃のことです。私と母親が乗った列車を、見たこともない列車がものすごい勢いで追い抜いていきます。五輪開催直前の十月一日に開通した東京―新大阪を結ぶ東海道新幹線でした。

母親は、昔から、寡黙というか、必要なことだけをしゃべる性格でした。子どもの頃、戦死した父親のことを聞いても、ほとんど話してくれませんでした。ですから、栄養失調でふらふらの状態で強制送還され、私にかかった四十数万円を支払ったことについても、怒ることもなければ、苦情も言いませんでした。

反省を込めて

ここで、反省したことを伝えます。私のこの放浪の旅で、世話になった日本人を実名で、また、大使館での保護を受けたことなどを講演で話し、文章で発表しました。それが、当時の若い人たちの間に、最小限のお金しか持たずに、世界旅行に行くことが流行になる火付けの一端になったようです。

その人たちが、その日本人を訪ね、助けてくれと頼み、あるいは大使館で、当然のような顔で、さあ保護してくれと訪ねてきたりして、大変だったそうです。

私の所に多くの連絡、苦情が入り、申し訳ない気持ちでした。今回、改めて話したのは、あの反省と謝罪の意味を込めました。

私は、最初から助けや保護を求めたりしてはいません。旅の途中、問題の解決は自身で精一杯やっていたつもりでした。私の状況を見て、手を差し伸べてくれた人たちがいた、ということを正直に伝えたつもりでした。

テロ、拉致などが横行する今の時代にまさか、無銭旅行をする人もいないでしょうが、若い頃のことを改めて反省をするとともに、お礼をしておきます。

以来、私は、紀行文はおろか、出版物には、この頃の旅のことは一行の文章も書いていません。

一時帰郷し療養

母親と一緒に戻った熊本県大津町で、しばらくは療養です。地元に残り農業をしている子どもの頃の友人たちとも久しぶりに会って旧交を温めました。欧州で見てきた農業を参考に「やがて農道も舗装され、各戸に農業機械も入り、車も数台持つような時代が来る」と農業の近代化を話しました。

欧州の経済は、農業が基盤でした。農業を守ることが、その国の政治課題でもあります。農業を重要政策に据えていることは、現在も変わりありません。特にフランスは、当時も食料自給率百パーセントを超え、現在も超えています。国民の食を守るために農業を守っている結果です。

日本では当時、小規模農家が中心で、狭い田んぼを何カ所か持つ農業が普通だった地域で、こんな話を誰も信じてくれません。それどころか、「外国に行ってきたから大きなことを言う」とか「頭がおかしくなった」というようなことを言われ、多くの人たちが相手にしてくれなくなりました。

忸怩《じくじ》たる思いをしながら、療養しては、体調を見て土木作業のアルバイトをする、という暮らしです。誰も相手にしてくれない古里。この暮らしに終止符を打つために、北海道に戻ることにしました。一九六六（昭和四十一）年のことでした。

「鈍行青宮号」の笑ー と漫才（その５）

宮　いやー、驚きです。二十代前半の青ちゃん。「コスモポリタン」じゃないですか。

青　ナポリタン。イタリアで食わなかった。

宮　「コスモポリタン」ですよ。世界的な視野を持つ人。

青　しやないから、放浪したの。

宮　下手すりゃ、国際手配される犯罪人じゃないですか。

青　向こう見ずだった。だから反省もしとる。

宮　ある詩人が「年を取るのは、若かったころ失敗した自分を救済するためだ」と言ってましたよ。反省するだけでも立派です。

さてさて、これからいっぱい海外に行ったという、私の事前調査があります。続きが聞きたいですよね。みなさん。

青　もういいよ。恥ずかしい。

宮　いいえ、ここまで来たら「毒皿」です。

青　話さないって。

宮　今日はいつものうどんにヤマメの天ぷら、焼きおにぎりを追加注文しますよ。

青　話します。

宮　やっぱり現金だ。

ふたたび北海道へ そして海外へ

学籍のない大学研究員

北海道は、江戸時代末期から明治時代にかけて、開拓精神にあふれる人たちが、原野を開墾して街を造ってきた歴史があります。よそ者、とか、考えが違うとかの理由で、人を排除しないのですね。私は、もう一度、そんな北海道での暮らしを選びました。

名目は北海道大学で勉強をやり直すというものでした。といっても大学院ではありません。教授に頼み込んで、研究室に出入りを許してもらっただけの、学籍を持たない私的な研究生になったのです。

林学の本は、街の図書館に行くよりはるかにそろっていますし、分からないことがあれば、教授に尋ねることができるし、学ぶ環境には申し分ないです。

暮らすためのアルバイトですが、青果業者の下請けとして、農家に行き、玉ネギ、ジャガイモの買い付けをしました。そのころの北海道の農家は、農産物のほとんどが、農協を通しての出荷体制が整っていました。ほかの民間業者が入る余地がなかったのです。私が、乗用車で農家を回り、そのときの相場より少し高めの金額で買い付けては、その業者に渡すのです。農家も、その場の現金収入を喜びます。農協の手前、公然と、というわけにもいきませんでしたが、人脈を広げ、農家を巡回してジャガイモ、玉ネギを集めましたよ。「庭先取引」という仲買です。業者は私に買い付けのための大金を渡します。その上、私の住むアパートを世話してくれたり、車を貸してくれたりしました。親切には、違いありませんが、要は、私が、金をにぎって逃走するのを防止しているのです。

「金」がもらえるから講演もやった

他称「冒険家」になったことから、講演依頼が舞い込んできます。海外旅行が身近になっていく時代です。とはいえ、海外に行く人はまだ少なく、海外の生の情報を聞こうという機運が高まっていたころです。

講演などできる人間ではないのですが、講演料、交通費、宿泊費付きは本当に魅力でした。少しでも収入が欲しい私は、ついつい引き受けてしまうのです。講演で最初に言うのは「私は『冒険家』ではありません」との断りです。そこから、海外での体験談を話しました。

受け狙いで、事実を膨らませて話したりもしました。笑いを取らないと、聴き手がついてこないのです。そのたびに反省もして、自分が嫌になる。でも、次の講演依頼には応じてしまいます。前回の講演で、こう言ったから、今度はああ言おうとまた脚色をいれる。また反省する、という繰り返しでした。だから、私は、必ず「冒険家ではない」という言葉を言ってきたのです。でも金がもらえたらうれしい。ろくな者じゃないですね。

それで、金が貯まって、最初に行ったのは欧州です。かつてお世話になった農家などを、覚えている範囲で尋ね歩き、改めてお礼をいいました。今度は、旅行者です。浮浪者とは違います。

世話になった農家のマダムと改めて話しますと、日本について「お茶を飲むのに道があるのか。歌舞伎について教えてもらえるか。俳句とはどんなものか」など、日本文化についての質問でした。

私は、茶道、歌舞伎、俳句などは大まかなことは知ってはいるものの、説明できるほど詳しくはありません。日本人でありながら、日本文化のことを何一つ知らなかったのです。やはり、若かったのですね。「本当に日本人か?」という言葉に、自身の非学を知り、あ然としました。まず行動、まず実践を身上としてきた私が、日本で茶道を習い始めました。

金を貯めては各国へ

欧州への「お礼参り」を終えた後は、ほかの国々へ行って、植生を実際に見て回りました。どの国のどの地域、どの標高にはどんな樹木があるかを探っていくのです。大学時代から、林学の教授が口癖のように言った言葉が「俺に聞くな。自分で調べろ。調べて分からなかったら聞いてよし」でした。これが、全ての始まりです。自分の目で世界の樹木を見てやろうという意気込みです。

海外に行き、長期間、滞在するには金がかかります。そこで始めたもう一つのアルバイトが北洋漁業の漁船乗り組みです。春先、一〇〇〇トン前後の漁船で釧路港を出航して北太平洋へ行き、鮭、鱒、ニシンなどの漁をするのです。船内の部屋で、棚のような簡易寝台が与えられます。リーダーが魚群を察知すると、ベルがなります。十数人の乗組員が甲板に集まり、引き網を引き上げるのです。

網はウインチで巻き上げますが、どうしても巻き込みにずれが生じますから、網を手で手繰り寄せるのが主な作業です。船は大きく傾きます。海水も入ってきます。怒号を受けながらの懸命の作業です。網に入った鮭、マスが見え始め跳ねます。必死でした。

一定の水揚げがあると、帰港して水揚げを降ろし、同時に食料を積み込み、また出航です。乗組員は、陸には上がりません。上がったら最後、もう漁に出たくなくなるのです。

その代わりに漁船の中は、いい食料、いい酒などでいっぱいでした。私は酒を飲まなかったのですが、当時高かった洋酒などは飲み放題でしたね。数カ月の漁を終えると、そうですね、四百万円ぐらいのお金がもらえるのです。当時、私と同年齢の会社員の給料の二年分以上に相当するでしょう。北海道在住時代に二度、この北洋漁業に乗り組みました。

ちなみにこの北洋漁業ですが、一九七三年に米国、ソ連（当時）が、日本漁船の操業に対して、入漁料を求めたことや、一九七六年に米国が、漁業専管水域を一二海里（約二二キロ）から二〇〇海里（約三七〇キロ）に拡大、これにソ連も同調したことなどで、日本漁船の操業が困難となり衰退し、現在はベーリング海では漁ができなくなっています。

私は、学生時代にも試験場で、鮭の人工孵化のアルバイトをし、この北洋漁業で鮭漁に従事し、のちに遠賀川で鮭の人工孵化・成育に取り組むことになるのですから、まあ、鮭との縁が強かったのでしょう。

お金を手にして、国から国へ。いったん帰国して、しばらくアルバイトをして、また出かける、というそんな暮らしです。

行った国々を思い出せるだけ紹介します。日本から出かけ、また外国から別の国へ入ったりしています。入国申請の関係で、別の国を経由しただけの場合もあります。ですから、順番は不明確なのですが、北欧の国々、米国アラスカ州、ネバダ州、カナダ、パラオ、ミクロネシア連邦のチューク諸島、グアム、サイパン、パプアニューギニア、ブラジルなどです。滞在した国は約六十、通過した国を含めると百二十を超えると思います。当初は、船に乗っての旅でしたが、時間を考え、後半は、適当に飛行機を使いました。

パプアニューギニアの話

海外での旅で印象的なことをいくつか紹介します。

一九七四（昭和四十九）年ごろだと思います。パプアニューギニアに行ったときのことです。南半球。インドネシアの東、オーストラリアの北にある島です。

この国で約半間、山間部に住む部族の集落に入れてもらって、樹木の植生を見て回りました。もちろん、いきなり行くわけではありません。まず、首都のポートモレスビーに入りました。都会です。ここで過ごしていると、若者が声を掛けてくれました。日本人を含め、外国人に興味を持つ人がいるんです。むしろ、そんな人を私も待っているのです。「日本人」と答えて「山に入りたい」などとこちらの目的を話して、協力してくれる人を探します。

ある若者に、君の部族の所に行きたいというと、土産が要る、というのです。聞くと豚が喜ばれるというのです。食料にするのですね。街で生きた豚を二頭買いました。これをつないで一緒に山に入っていきました。

紹介を受け、豚を贈ったものの、なかなか村には入れてもらえません。二、三日は、村の入り口にテントを張って寝ました。やがて村の人が来て、仕草で目薬はあるかと、言っているようです。リュックには一通りの薬品を持っています。「ある」と言うと、子どもたちを何人も集め、目薬を差してくれといいます。並んだ子どもたちに目薬を差してやると、次の朝には、大人たちが並んでいるのです。こうして、仲間に入れてもらえました。

彼らの案内でパプアニューギニアの山に入りました。樹木の幹、葉、根の特徴を手持ちの資料と照合しながら、樹木の学名を特定し、部族が、その木を何と呼んでいるのかを記していきます。

元々、地殻変動で海底から隆起してできた島ですから、岩の上に砂などが積み重なってできている土壌です。少し掘ると岩がありますから、根が土中に伸びていかずに、板状になって樹木を支えています。板根《ばんこん》といいます。これが、この土地の樹木の大きな特徴です。

日本では、木が育たない森林限界線が標高二三〇〇メートル辺りで分けられますが、パプアニューギニアでは三〇〇〇メートルぐらいに高くなります。熱帯雨林特有のことですね。

部族の人に山を案内してもらう途中、頭蓋骨やミイラがいっぱい並んでいるところがありました。これは曾祖父、曾祖母、祖父などと教えてくれるのです。部族は、遺体をそのままに置くことで亡くなった祖先をいつまでも大切にしていることが分かります。それは、自分の死を常に意識しているようにも感じます。

この部族から、さらに次の部族への紹介を受けてという具合で、調査地を山の奥へと進めていきます。

ある部族と一緒に暮らし始めてこんなことがありました。私は、最初、テントを張って寝ておりましたが、子どもたちが、テントを珍しがって入ってくるのです。部族の大人たちが、私のために部族の人たちと同じ家を造ってくれました。子どもたちが来ることは少なくなりましたがあるとき、私の持っていたカメラを子どもが手にしていたのです。

これを見つけた大人が、これでもか、これでもかと殴るのです。私は、もういい、という意味で止めに入ったのですが、まだ、殴りました。物を盗んだ罰を与えているのです。その子は、その場に倒れたまま。家にも入れてもらえず夜を迎えました。もし、これで、死んでしまっても、死ぬのが悪いのだ、という考えです。

部族では、いいか、悪いかのどちらかしかないのです。盗みは最大の悪です。部族の領域にあるバナナをはじめ、食べられる果実は、部族みんなのものなのです。ですから、これを部族の者が勝手に取って食べても、他部族が盗んでも厳しく対処するのです。状況では殺されても、盗んだ者が悪く、文句は言えないのです。

文明と接せずに、いや文明と接しても、受け入れることに、ゆっくりと時間をかけているのですね。そうやって生きている部族が、部族を守るために作り上げてきた掟なのです。

珍しいカメラを子どもの手に触れられるような状態にしていた自分の甘さを恥じました。あの子には大変申し訳ないことをしました。のちに、その子は元気に過ごしていることを確認して、胸をなでおろしました。

また、ある部族は、老若男女が裸でした。男たちの中には、ペニスケースを付けている人がいましたが、女性は腰巻さえないのです。女性が視界に入るときは、目のやり場がないのです。ところが、女性たちの立ち振る舞いの美しさ。股を開かずに立ち座りができて、とてもしなやかなのです。挙措、といいますか。その隙のない動きを見ていると、やがて慣れました。

大石芳野さんの足跡

ある部族の人が、私が、日本人ということを知ると「ヨシノを知っているか」「ヨシノはお前の嫁さんか」と誰もが何度も聞きます。私は、すぐには意味が分からなかったのですが、パプアニューギニアを離れた後、ヨシノとは、報道写真家の大石芳野さんのことだと分かりました。

大石さんは、世界の戦争、紛争などを撮影し、多くの写真集を出しています。その中に写真と文章からなる『愛しのニューギニア』（学習研究社、一九七八年）という写真集があります。二〇二一年五月、遅ればせながら、その本を初めて手にしたのですが、大石さんは一九七一（昭和四十六）年、七三年、七五年の三回、東ニューギニア（当時。のちに独立してパプアニューギニア）に単身で入り、いろいろな部族と生活を共にして、撮影をしています。

よそ者に対しては、危険がないか、信用できる人間かなど、部族の人たちはとても警戒心が強いのですが、大石さんは、いくつかの部族と打ち解け、男性の笑顔、戦闘を模した祭りの様子、女性たちの懸命に働く姿など、素晴らしい写真を撮影しています。

若い母親の出産にも立ち会い、誕生した女の子の名付け親にもなっています。大石さんはその女の子に「ＳＨＩＮＯ（しの）」という名前を付けたそうです。こんなこともあって、あちこちの部族の人たちに「ヨシノ」という名前が浸透していたのでしょう。

ところで、パラオやチューク諸島など、南洋の島々を巡っていると、ヤシやマンゴーなど、同一樹木が、真っすぐに植林されている場所をいくつも見つけました。現地では、植林という考え方は少ないというか、ないのです。木はかってに育っていきますから。

真っすぐな植林。これは日本人の仕事でした。これらの島々の歴史を見ると、太平洋戦争中、日本軍が占領し統治をしているのです。統治したところには、軍について、民間人も暮らし始めます。おそらく、食料確保のために、軍や民間人が協力して植林をしたのでしょう。収穫など効率を考えて真っすぐに植林をする、日本人の几帳面さがこんなところに現れていると思いました。

米国アラスカのこと

米国アラスカ州のことも話をしておきます。一九八〇（昭和五十五）年の冬。私は、一人で米国アラスカ州に行きました。アラスカは、過去に二回出かけています。今回も極寒のアラスカ山脈を歩くのです。

アラスカの西端にある港町ノームから、州のほぼ中央の東西を走る州道を東に向かって、レンタカーの四輪駆動車を走らせます。当面の目的地はアラスカ山脈に近い町フォートユーコン。直線距離で約千キロでしょうか。曲がりくねった道路をたどれば千数百キロになると思います。外気はマイナス五〇度。道路はほぼ凍結。それでも寒暖差があるのか、ところどころはシャーベット状があるといった状況です。パウダースノーが、乾いた小麦粉のように風に舞っています。警察は、この時期、一人でのドライブは禁止していますが、もとより一人旅。「自己責任」を胸に、無視を決め込みました。

持っているものは、厚手の寝袋、強力ライト、スコップ、オイルライター、食料。それに、車のバッテリーの電力が無くなった場合、他の車から電力をもらうためのブースターケーブル。通りがかった車に助けてもらうためです。もちろん、私が誰かを助けるためにも使います。ガソリンスタンドがあれば、ガソリンが減っていなくても必ず給油します。雪などで、車が立ち往生しても、エンジンは回しヒーターは作動させなくてはなりません。予備用のガソリンをスチール缶に四十リットルは常備しています。

食料は、ジャーに入れています。ジャーは分かりにくいでしょうか、昔ありましたよね、ご飯を温かく保つため、真空のガラス層を持つ、あの道具です。そうしないとガチガチに凍ります。

道路の状況では時速八十キロで走ります。ところが、山中などでは、午後四時には暗くなる場所もあって、視界十メートル、さらにフロントガラスはがりがりに凍りついています。道路状況が見えずにのろのろ運転を余儀なくされます。日本のドライブとはわけが違います。

小便をするにも大仕事。凍りついたドアに体当たりして、また足で力まかせに蹴飛ばして開いて、外に出て、手袋をしたまま、幾重にも履いた下着をまさぐりながら、ものを引っ張り出して……。湯気がもうもうと上がりますが、尿は道路に落ちたかと思えば、もう凍りついています。

モーテルがあれば、宿泊しますが、なければそのまま車の中で仮眠を取ります。私は、野外生活が長かったため、仮眠でも、脳までは眠っていないのです。身の危険、野生動物の足音などでもすぐに目を覚まし、すぐに必要な行動ができる体になっています。軽く目を閉じてじっとしていれば、それなりの休息を取ることができます。この状況でもし熟睡でもしていて、エンジンがストップしていたら、目が覚めることなく天国行きでしょう。

二カ月以上、車の運転を続け、当面の目的地であるフォートユーコンに近づいたときは、早く到着したくて三日間、眠らないまま運転しました。ようやく、モーテルの部屋に入ったときは、熱いミルクコーヒーを飲み、ベッドに倒れ込みました。

目が覚め、洗面所の鏡を見たときは、見知らぬ人が立っていました。顔は腫れて真っ黒、目には目ヤニ、バサバサの髪。窓の外に別人が立っているのかと思いました。これが自分だと分かるまでには時間がかかりました。

グリズリー？　との遭遇

翌年四月ごろ。私はアラスカ山脈の山中にいました。山中には、ガイドがいないと入山許可が得られません。そのガイドであり、プロのハンターでもあるベニー・ムーアという男と二人旅です。

三回目のアラスカ入りですが、その全てが、ベニー・ムーアを相棒にしました。私より十歳は年上でしょう。スキーを履いた二人が、それぞれ、腰に結わえたロープで強化プラスチック製のソリを引いていきます。ソリにはテント、食料などの荷物を積んでいます。

ある夜明け前。テントの中で眠っていた私は、わずかな物音に目を覚ましました。小さな声でベニーを呼びますが、眠ったまま。私が寝袋を突いて、目を覚ましたベニーもその物音に気付きました。

フー、フー。

何かの鼻息です。二人とも、愛用のライフルを引き寄せ臨戦態勢を取ります。雪はまだ深いのですが、春の兆しも見え始めた頃。活動を始めた動物か、冬眠から目覚めた熊か。テントの中に広がる緊張感。どれぐらいの時間経過があったのか。私は、テントのファスナを開け、外を伺いました。何かがいる気配がありません。聞こえるのは、木々の中を通る風の音です。二人ともライフルを持ち、警戒しながら外に出ましたが、やはり何もいません。よかった。

ところが、そばの雪が荒れています。特徴から確かにグリズリーの足跡です。ガイドとしてたくさんのグリズリーを見ているベニーが「ビーッグ」とつぶやきました。長さ四十センチ、幅二十センチの足跡がくっきり。斜面下の谷の方に続いています。無事でよかった、という気持ちとともに私の好奇心に火が付きました。足跡をたどれば、このでかいグリズリーを見ることができる……。私は、スキーで滑りながら足跡を追いました。

ドーン。

空に向かってベニーが銃を撃ったのです。「クレイジー、戻ってこい」

空に向けた発砲は、私への合図だけではありません。グリズリーをさらに向こうに追いやるためです。もし、グリズリーが私に気付いて、戻ってきたら……。私への攻撃になります。幸いグリズリーの姿は見ることはなかった。

「自ら危険に向かうやつがあるか」。ベニーが怒っています。ベニーの手慣れた行動に私は、助けられました。反省はしたのですが。うーん、やはり、巨大なグリズリーは見たかった。

この一帯は、地球が誕生するとともに、気候変動など、さまざまな環境の変化になすがままに応じてきた結果の姿を残している場所です。マツ類を中心にした針葉樹の原生林、山から湧き出す水が、いくつもの谷川となり、サーモンたちが生きています。人や文明の影響を受けていないままの大自然を見るだけのために、ただひたすら歩き続けました。

歩きながら、このときから数年前のことを思い出していました。

最初にアラスカ入りして、ベニー・ムーアと過ごしていた山中でのこと。木を切るときに、刃物で左手の親指に近い手首を切ってしまいました。刃物といっても、大きな木の枝ぐらいは一刀で切るような大型ナイフです。大量の出血です。

ベニーの懸命の連絡で、森林警備隊が駆け付け、応急処置をしてくれました。棒をゴムバンドで巻き付けての止血です。この程度の処置では、危険だと判断され、森林警備隊、米軍との連携もあって、ヘリコプターがやってきて、アンカレッジまで運ばれ、病院で治療を受けて入院しました。今思っても、どこの所属のヘリコプターかも分かりません。病院をやや早めに退院し（治療費が高い）帰国しました。止血などの処置のため、左手は厳しい寒さにさらされて、凍傷になりました。治療前には、手首切断の同意していたのですが、麻酔から覚めたら、切断はされていませんでした。

しかし、一年間ぐらいは、手首から肩ぐらいまで、突然の激痛が走りました。腕からの神経が、手首の神経を探して「暴れている」といいます。手首が残ったことがよかったのか悪かったのか、悩みました。

私がけがをした後、分かれたままになっていたベニー・ムーアですが、来日し、私の住む北海道まで訪ねてきたことがありました。「日本に用事ができた」と言っていましたが、ひょっとすると、私のけがの回復状況を見に来てくれたのかもしれません。

私は大歓迎しました。ところが、そのベニーの食事ですが、当時、北海道で肉を食べる、と言えば羊でした。ベニーは、羊の匂いがだめで食べません。北海道には、牛肉の焼肉店はまだ、ありませんでした。すしは、と言うと、「魚を生で食べるなんてとんでもない」と言います。

今でこそ、日本食のすし、刺身は大人気メニューですが、当時のことです。結局、サーモンステーキでした。普段、ベニーがアラスカで食べている食事に落ち着きました。

アラスカで一緒に過ごしたときも含め、私の英語力では、言葉による細かい意思の疎通はなかったかと思います。危険回避、命を守るという最大目的を持った者同士が、言葉ではない、何となない雰囲気だけで心と心を通わせていたのです。

あのときのけがですが、リハビリを重ねました。熊本大学や北海道大学での付属病院で再治療も試みましたが、指の機能は回復していません。しかし、普段の暮らしには不自由はありません。

凍傷の痕跡は、最初は包帯で覆っていたのですが、「けがですか?」という質問が苦痛になり、包帯を取りました。包帯を取ったら、私の気持ちも随分と楽になりました。

砂漠探訪へ

チリ北部のアンデス山脈西側にあるアタカマ砂漠に立ち寄りました。

砂漠といってもいろいろな形態があります。岩石が転がっている岩砂漠、大小の石がある礫

僅かにある植物を覆いはじめている砂　砂漠化現象を見る

砂漠、一面砂の砂砂漠と大きく分かれますが、これが入り混じってさまざまな姿を見せてくれます。アタカマ砂漠は、礫砂漠でした。この広大な礫砂漠を見て、ある種の感動を覚えました。
たくさんの石、砂が、高い場所から低い場所へと崩れ落ち、草や低木などが生えている場所を埋め尽くすのです。砂漠化といわれる現象です。
こんな環境は、人や生き物を寄せ付けないようですが、だからこそ、そこには何かとんでもない魅力が秘められているように感じました。実際、サハラ砂漠には、岩塩が埋蔵されており、これを採取し運ぶ命がけの商人たちの活躍が歴史に刻まれています。
多くの砂漠を見れば、何かが分かるかもしれない。そして、砂漠化を防ぐ道も拓けるかもしれないと、胸が騒ぐような思いが湧き上がってきました。

よく、砂漠にいく目的は何か、と聞かれました。これには答えようがなかった。ただ、歩きたいという体の欲求が湧いてくるだけです。

砂漠は雨が降らないと思う人があるかもしれませんが、少ないのですが、雨は降ります。ただ、降雨量より自然乾燥で蒸発する水分の方が多いのです。砂漠の地中にも地下水脈はあります。地表に近い地下水脈から、水が湧き出ています。これがオアシスです。その周辺には木や草が生え、水量が多ければ人が集まり、街ができます。砂漠の中で、人や動植物の命を守っている場所です。

サハラ砂漠に立つ私（自動シャッターで撮影）

これまで私が訪ねた砂漠は、オーストラリアにある巨大岩「エアーズロック」で知られる砂漠のグレートサンディ、米国のネバダ、アリゾナの砂漠。アフリカのサハラ砂漠、中国のゴビ砂漠です。

次の二つの文章は、サハラ砂漠で書いたものです。最近、私の本棚に整理しきれない写真と一緒に残っていました。最初に紹介します。

砂漠は美しい
こんな単純な世界はない
頭上の空、足元には砂があるだけ。それだけ
砂漠には人間がすがる余地はない。自然というにはあまりにも過酷すぎる
真剣に神と向き合うように成る
砂漠では人間というものが、いかによるべない存在であるか思い知らされる
神に寄りそっていなければ人間は石ころや砂粒と変わらない
昼はすさまじく暑く、夜はとても寒い
昼間の太陽の威力、夜空を埋め尽くす星、その全てが人間の想いなど
はるかに超えている

「月の砂漠」
満月の砂漠は現世から離れ黄泉の国を見ているようだ。

月の光と影が造り出す世界が　大海原のうねりのように、高くそびえる山峯のように静かな泉のさざ波のように、見る処によって何にでも変化する。チマチマと小銭を求めて四苦八苦している人間世界がなんとちっぽけなことか。俺はなぜ人間に生まれたのか？砂漠の砂のひとつぶになれたら気ままに風に吹かれ、山になったり波になったり、思いのままにコロコロと転がっていたい。

東の空が白みかけやがて朝日が昇る頃になると、生き物は食べ物を漁る。生きるために喰わねばならぬ。俺も喰わねば。干し肉をかじりコップの底の水をすする。アー風が欲しい、日影が欲しい。ここに一本、大きく枝を広げ緑いっぱいの木があれば鳥も虫ケラも集まって来て、歌い踊り恋もして楽しい一生を過ごすかも。一本の木は計り知れない喜びを生き物に与える。

俺は木を愛する人間だ。この砂漠のどこかに木を植えよう。何の木を。どこに。どうやって。考えよう。（以上、「月の砂漠」）

私はサハラ砂漠に入りました。

モーリタニアから歩きました。ラクダを二頭買って、羊の皮の水筒、食料などをラクダに積んで単身で歩きました。軍用の磁石などを持ちましたが、目印もない砂漠ではほとんど役立ちません。一番の目印はラクダの糞です。岩塩などを運ぶ大小のキャラバン隊が行き来をしていますからね。ラクダの糞を探しながらいけば、大きくルートを外れることはありません。ルートは、水場をつないだ線です。

砂漠には、井戸があるだけの水場が数十キロごとにあるのです。井戸は十メートルぐらいの深さで、ポリバケツぐらいのひも付きの缶があって、これを井戸に落としひもをたぐり上げて水を汲みます。喉を潤し、水筒を満杯にします。その井戸のそばには、ドラム缶の半分ぐらいの大きさの水桶があって、これをラクダが飲みます。水場を出ていくときには、この水桶を満杯にしていくのが決まりなのです。

ラクダは、放ちます。自由にさせて、草を探させて食べさせるのです。あまりに遠くに行くと、探し回らなければなりません。このために、前の両足、後ろ足の片方を一本のロープでつないでいます。これで、逃走や遠出を防ぎます。

砂嵐のときは、棒にシートをかぶせ、その中にリュックを胸に抱いて入り込み、シートの周囲を抑えます。シートで作った円錐状の中に入る恰好です。そうしながら、砂嵐がやむのを待つのです。ときには数日も。干し肉かじって風がやむのを待つのです。そんなときです。リュックからノートを取り出し、鉛筆をなめなめ文章を書くのは。最初に紹介した文章もそうして書いたものです。

ラクダは、座り込んで、長いまつげの目を閉じ、鼻の穴も閉じピクリとも動きません。砂嵐の耐え方をちゃんと知っているようです。

砂嵐の後などで、糞が吹き飛ばされて見つからない場合もあります。こんなときは、その場にとどまります。直射日光を防ぐために、棒とシートが役立つのです。日陰を作って休み、キャラバンなどが来るのを待ち、ときにはついていくのです。

いつか、テントで目が覚めたとき、体の下には数匹のサソリがいました。つぶして、火に放り込み、食べました。シャリシャリとした食感でしたが、味は分からなかった。腹に何か入れるのに必死、という状況ですから。

あるとき、賊に襲われました。大人の男とその息子のようです。いきなり銃を突きつけ身の回りのものを強奪していかれました。たぶん、銃には弾は入っていないのだろうと、今になって思っていますが、逆らうことなく、渡します。ザックには、汚れた衣服ぐらいですからね。パスポートなど貴重品は、腹巻の中に入れていて、無事でした。身ぐるみ剥ぐことはなかったし、水や食料を持っていこうとはしなかった、良心的な強盗です。

数日後、目についたテントを訪ねました。すると、食事を出してくれ、水筒に水もくれました。よく見ると、数日前の強盗でした。息子は、私の服を着ているのでした。みんな、懸命に生きている。この人にとっての強盗は生きるすべの一つなのです。砂漠という過酷な環境の中で、助け合いの精神と生き抜いていくあらゆる手段が、入り乱れているのです。

こうして、一年数カ月、歩き通してマリ、ニジェールを経て、チャドに入ろうとしましたが、私の、痩せて衰弱した体を見たチャドの入国管理の人が、入国を許してくれませんでした。もし、入国して病気になれば、保護をしなければならないし、死んだら、犯罪性の有無を調査し、また死体の引き取りの連絡などは、国家間の連絡になりますからね。

結果的にチャドには入れませんでした。ニジェールの最寄り空港から帰国しました。

これで、砂漠の訪問はいったん終えました。

その数年後の一九八八（昭和六十三）年に、中国のゴビ砂漠を訪ねました。

ゴビ砂漠では、街の安宿に宿泊し、列車、バスがあれば、それを利用し、なければラクダや馬を借りて砂漠に入り、テント泊、またはシートにくるまって寝て、数日後にまた、安宿に戻るという形での探訪です。

ゴビ砂漠では、遊牧民との交流がありました。遊牧民も旅人ですから、私のような初めて会う旅人でも、歓迎してくれます。馬も貸してくれます。

彼らの暮らしに不思議なことも見ました。数多い羊たちを広大な土地に放牧していますが、そこには、違う持ち主の羊が入り交じっています。これを大人や少年たちがえり分けているのですが、これはうち、これはそっちと、文句も苦情もなく分けているのです。羊ですから、毛を取るために焼き印などはないのです。まさか、顔を覚えている？　うーん、後々の課題にして、と思いました。

最近、内モンゴルの遊牧民出身で、日本に居住する女性に質問する機会がありました。その女性によると、遊牧民は長年、自分のヤギや羊を見ているために、顔、角、ひげなどで、特徴を知っているそうです。よその羊やヤギと交じっても、「見たことのないものは、人のもの」となり、それを両方が守っているので、分けるのが早く、文句も言い合わない、と。

仮に私が、たくさんの羊やヤギを何年見続けても、顔の判別などはできないでしょう。

ところで、私は、砂漠化防止のための緑化は可能だと感じました。それぞれの砂漠にあった植物を選び、植えていけば一定程度の成果は得られる、と。ただ、それには、莫大なお金と人が必要です。さらに、当該する国々が、どのような思いを持っているのか。これらのことは私の一人の力では、どうにもなりません。理解者を広げるには、また、相当のエネルギーが必要になります。

情報の秘匿も守らなければいけませんが、ある砂漠では、何カ所かで砂を採取して、とある機関に提供しました。この目的は緑化ではなく、資源確保にどうつながるかの研究に協力したのです。今、日本の産業界が最も欲しいのは、工業・電子機器のなどに必要なレアメタルの確保です。その分析結果によっては、国家間の交渉に始まり、正式な貿易や民間企業の参入への道に広がる可能性もあります。

全国初？「キャンプ場」開設

海外に行っては戻るという私ですが、生活の拠点は、北海道北見市に置いていました。今度は、その北見市に住んだ頃のことを話します。海外へ行く時期など、前後がずれることを許してください。

一九七〇年ごろでしたか、北海道北見市に隣接した常呂町（当時、現在は合併して北見市）のサロマ湖そばに約八ヘクタールの土地を購入しました。耕作はできない原野です。ここでキャンプ場を始めたのです。近くで道路工事があり、その残土の捨て場に無償提供する代わりに、一部を整地してもらい、ボーリングもしてもらい、水を確保しました。

地域名「登栄床《とえとこ》」から「トエトコキャンプ村」と名付けました。テントを張る場所を提供し、自作の掘っ立て小屋で食べ物やビールなどの飲み物、土産品を売ります。お土産には、地元の人たちが制作したクマの木彫、農産加工品、ガラス玉などを並べました。ガラス玉とは、漁網につけて、海上で浮かせて網の目印にする道具ですね。私が売るのは、廃品で、海岸で拾ったものです。ガラス玉には大小があって、何ともいい雰囲気の飾りになるのです。海岸もきれいになって一石二鳥です。

正確には分かりませんが、これが、全国初の有料キャンプ場ではないかと、いろいろな人に言われます。私が自分で言ったわけではありませんがね。もちろん、初めてだろうが、二番目だろうが、私はあんまりこだわりません。

北海道の東北部のことです。キャンプシーズンは七〜八月の一月半ぐらい。まだまだ、レジャーがない時代です。旭川市から、また、札幌市、本州からも客が来て、人気でした。中には、「テントを立てるだけなのになぜ金をとるのか」という客もいました。面倒ですから金は要らない、という応対もしました。分からない人を相手にして時間を失うことがもったいない気がします。これも当時の私の流儀のようなものです。

学校の生徒たち、研修の社会人なども団体で入ってきたりもしました。「アウトドアスクール」と称して、私が「授業」を行います。焚火の仕方、ご飯の炊き方、最も大事な命の守り方など、時間の許す限り、講義します。

珍しい羊の革の水筒も見せましたよ。砂漠の住民が使用する水筒で、小さい水筒を三つばかり持っていたのです。砂漠では、大型の水筒もあって、羊一頭分の革の水筒もあります。四本の足先を結び、首の部分に木栓を縛るようにして水を入れています。四〇リットルは余裕で入ると思います。これを使うと、ラクダの背にピタリと合ってラクダが苦にならないのです。空になれば折りたためる。ポリタンクではこうはいきません。

こういった、海外の品物を見せながらの講座が、好評なのです。また、来年の予約をくれる人もありました。中でも、毎年、数百キロの道程を大型バスで来る人たちがいました。児童福祉施設の園長をはじめ、入所する子どもたち全員が来てくれるのです。施設使用料も貸しボートも無料にしました。

問題は冬場です。雪に覆われて誰も寄りついてくれません。

私の知り合いに「ばんえい競馬」の馬（ペルシュロン種）を飼育する人がいました。ばんえい競馬とは、帯広市や北見市で行われていて、馬がソリを引いて力や速さを競う競馬です。

その人は、いつも馬にソリを引かせる運動をさせています。馬たちの訓練のためにキャンプ場を使わせてほしいと頼まれたのです。私は、そのソリに乗る人を客として集めました。馬の馬力、荒くて白い息を目の当たりにして、雪煙を上げて進むソリの迫力を満喫してもらいます。客には防寒として頭から毛布をかぶってもらいました。

一回りすると、私が準備した料理チリコンカンを振舞います。豆をチリソースで煮込んだピリ辛の料理です。映画やテレビで見る西部劇でカウボーイがさじですくって食べている、あの料理です。

その客たちの宿泊所として、インディアンティピーを三棟造りました。米国インディアンたちが狩りで移動中、宿泊用に立てるテントですね。中で火が燃やせるのです。冬場のティピーで火を燃やしての宿泊。これぞアウトドアのだいご味、というやつです。客も喜んで、遠方から来てくれました。

ほかにもサロマ湖の凍った湖上でキャンプをし、また火を燃やします。火の熱は上に逃げますから、氷はわずかにへこむ程度です。知り合いの漁師が、小型雪上車を持って来てくれ、雪上ドライブなども人気でした。

このキャンプ場は五シーズンほど営業をしました。雇ったアルバイトたちの給料を払い、さらに私の一年間の暮らしができる収入がありました。

このキャンプ場は、海外訪問と同様に、私の生き方の基本になっています。まちづくりの発想の根源ともいえます。

川口浩「探検隊シリーズ」手伝い

こんな暮らしぶりや「冒険家」と呼ばれていたことも影響したのでしょう。テレビの仕事も依頼がくるようになりました。俳優の川口浩さんを隊長にしたテレビの冒険番組「川口浩探検隊シリーズ」を覚えている方は多いと思います。あの番組の下準備を担当したのです。

これはインターネットに頼りますが、一九七八（昭和五十三）年から一九八六（昭和六十一）年まで、四十六回の放送をしています。その企画に参加したのです。探検といっても、そこはテレビ番組です。むやみに危険に向かって突入するのが目的ではないことは理解してください。視聴者をはらはらさせると同時に、楽しみも見せる番組です。

この番組のうち、十数本は、冒険者団体の役員だった立原弘さんと私が、テレビ局ディレクターと一緒に、先行して現地入りして、テレビ番組になり得るか、カメラ撮影ができるか、本当に危険個所であれば、その対策を講じて、どのような方法で探検を見せるか、などを調査します。ディレクターのＯＫが出たら、川口探検隊を呼んで合流し、私も立原さんも副隊長となります。

この立原さんですが、富士山周辺の洞窟研究に熱心で、さらに研究の幅を広げ、世界の火山洞窟を専門にして日本火山洞窟学会の会長も務めています。このテレビ番組の参加も、研究の一環として、また、研究費をねん出するためもあったと思います。二〇二一（令和三）年二月に亡くなりました。

川口さんとも親しく交流しています。その川口さん、がんになって一九八七（昭和六十二）年十一月に亡くなりました。五十七歳でした。

妻で俳優の野添ひとみさんも、自宅の庭で野菜を育てるような女性でした。ご夫婦で迎えてくれて、ご飯をごちそうになったこともあります。野添さんも一九九五年に亡くなりました。

クレー射撃のこと

北海道での暮らしのことで、もう一つ。アラスカ訪問でいい相棒だったベニー・ムーアは、腕のいいハンターだったことは話しました。そのベニーにライフルの打ち方を習いました。それがきっかけとなり、北海道に戻っても銃所有の許可を取り、熊を撃つ猟もしておりました。併せて競技としてのクレー射撃もしておりました。一九七二（昭和四十七）年のミュンヘン五輪の少し後だったと思いますが、北海道地区を代表してクレー射撃の全米選手権に出場したことがあります。

イリノイ州であった大会に出場しました。ところが、各国から来た選手たちの大きなこと。競技中、私を見下ろし、ものすごい眼力で「早く撃てよ」とばかりに威圧をかけてくるのです。精神的な圧力に参りました。成績は振るいませんでしたが、いい思い出ですね。

九州に戻る

こんな暮らしも、間もなく終わりです。熊本の母がそろそろ戻ってこいという連絡をくれたのです。母も年老いています。いつまでも逆らえません。これから後は、九州での暮らしを話していくことにします。

旅を続けてきた私です。その旅を締めくくるような詩がありました。それを紹介しておきましょう。

俺は何になろうと生まれてきたのか
雲になろうと夢を追い果てない旅にでてみたが
雲になるより雨になれ
それを初めて知ったのは40半ばのときだった
それを教えてくれたのは熱い砂漠の砂だった
旅人は思った
雨になり命の水になればいいと
人生はＲＯＨＮＩＮ

俺は何になろうと生まれてきたのか
山になろうと夢を見て遠い旅に出てみたが
山になるより木になれ
それを初めて知ったのは40半ばの頃だった

それを教えてくれたのは生きとし生きる山の木々
旅人は思った
木のように静かに動かず立っているだけでいい
生きていこうと
人生はＲＯＨＮＩＮ

なにをするため俺は生まれ　どこに住めばいいのか
そんなことを知るために男はいつも旅に出る
迷うことなど何もない　自由気ままに生きていく
自然の中に身をまかせ流れていけばそれでいい
何かの役に立つだろう
人生はＲＯＨＮＩＮ

「鈍行青宮号」の笑ーと漫才（その6）

宮　世界を歩いた青ちゃんでした。しかも、誰もが行ってみたい都市や観光地ではなく、厳しい大自然や、文明がまだない所を選んで。その行動力たるや、すごい、の一言です。

青　この辺は、思い出しきれないぐらい昔のこと。さらっといこ、さらっと。

宮　いやいや、ただただ、感心します。できることじゃない。この命がけの行動力が、青ちゃんの血となり、肉となったんですよね。ただのじじいじゃない。

青　ほっとけ。ただのじじいも有料のじじいもどこにもいない。

宮　でも、これが元になって新しい人生が展開していくのですね。今度は九州大学に出入りしたという話です。

青　北海道大学に九州大学。南北にある大学の雄じゃありませんか。

宮　いやー、北大でも九大でもまともな勉強してないのよ、南北ない。

青　それは面目ないの間違いです。

宮　でも、二つの大学で林学の本当にいい先生との出会いがありました。

青　学籍のないまま大学の出入りってどんな？

宮　気ままでいいかと思うでしょ。行く時間も座る場所も気になり、書籍、書類は汚さないよう気を付ける、研究の邪魔にならないように気を遣う……。

青　なるほど、林学だけに気（木）がいっぱい。

九州のすてきな教授たち

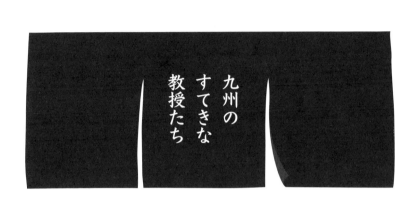

今度は九州大学に出入り

北海道北見市を拠点にさまざまなアルバイトでお金を貯めては、海外へ出かけたり、キャンプ場の経営をしたりする暮らしも終わりがきました。

熊本の母親が、「そろそろ故郷に戻ったら」と言ってきたのです。先述しました通り、父親は早くに亡くなっていましたから、母親の思いは痛いほど分かりました。ところが、郷里にはあまり帰りたくなかったのです。欧州から戻ってすぐ、友人から変人扱いを受けたことも脳裏にありましたから。そこで、福岡県大野城市にいた姉の家にやっかいになった後、福岡市博多区に住みました。一九七六（昭和五十一）年のことです。

北海道大学の教授たちに、福岡に帰ることを告げると、九州大学の先生たちを紹介してくれました。研究者同士、学会や情報交換で親しい間柄だったのでしょうね。私も世界各国の樹木を見てきたのですから、やはり、林学のことは忘れられません。

紹介を受けた一人に宮島寛教授がいました。この教授を頼りに、北海道大学に続き、九州大学の学籍を持たない研究生となって、研究室に出入りが許されました。やがて、淡水魚類研究の木村清朗教授とも親しく接していただきました。

北海道大学でもこの九州大学でも、大学院などの若い研究者や講師の人たちが、私のことを「先生」と呼ぶのです。これには参りました。いくら「いや、先生じゃない」と説明してもやめてくれません。考えてみたら、おじさんと呼ぶより、先生と呼ぶのが一番呼びやすかったかもしれません。

宮島教授とは九州、中国地方などあちこち回りました。私がいつも運転手を務めました。車内での会話が、大学の講義でも聞かないような、専門性のある内容になるのです。これが、楽しくて、どんな長距離を運転しても苦にならないのです。もちろん、理解できずについていけない内容も出てくるのですが、頭の中に叩き込んで、後になって、文献などを開いて必死で調べたものです。

宮島教授と島根県の山間部に樹木の調査に行ったときのこと。山の中を随分と歩き回って、夕暮れどき。町に帰ろうかと、私の運転で車を走らせていました。下部には匹見川の流れが見えています。ふと、川に人がいるのを見つけました。静かに川面を見つめています。もう帰る時間なのに、どうしたのか。少し心配になり、川まで降りて、声を掛けました。

何と、木村教授でした。三人一緒に驚きの顔です。木村教授は、この川周辺にしかいないイワナの仲間のゴギという魚の調査に単身で来た、というのです。

福岡のしかも同じ職場の人同士が、福岡をはるかに離れた島根県の山中で偶然に顔合わせするとは。驚いた後は笑い合いました。

宮島教授で、もう一つ思い出すのは一九九一（平成三）年九月の台風17、19号の襲来です。九月十四日、大きな台風17号が、長崎市に上陸し、有明海を通過し、福岡を抜け、日本海、東北にまで達しました。その直後の二十七日、今度は19号が長崎県佐世保市に上陸し、ほぼ同様のコースを取り、福岡を抜け北海道へ行きました。二つの台風はそれぞれ死者も出て、家屋倒壊、風倒木など甚大な被害がでました。

私は19号のとき、所用で北海道へ行っておりました。福岡市の自宅に帰ったとき、妻と義母から「台風でとても怖い思いをした。大事なときにいない」と痛烈な小言を浴びせられました。そりゃ、そうでしょう。あのでかい台風が福岡市を直撃したのですから。

返す言葉がないまま、耐えておりましたところに宮島教授……、えーっと、このときは九州大学を退官して、名誉教授になっていました。私的な研究所を設立されていましたから先生と呼びます。その宮島先生から「行者杉が倒れている。一緒に行かないか」という電話をもらいました。「行者杉」とは福岡県小石原村（現、東峰村小石原）にある杉の巨木群です。

福岡県添田町と大分県中津市にまたがる英彦山《ひこさん》（一一九九メートル）は、古くから修験の山として知られていますが、この山に入っていく修験者たちが、三百~五百年前に植えたとされる杉で約四・七ヘクタールの広さに三百本以上が林立しています。観光の名所でもある杉の巨木が約八十本も倒れたのです。林学の専門家とすれば、黙っていられなかったのでしょう。

私は、小言の嵐から逃れるために、宮島先生の誘いに二つ返事で了承しました。妻から逃れるために、杉のところに走ったのでした。

現場に着くとなるほど、たくさんの杉が根こそぎ倒れ、また、幹が折れ、無残な姿をさらけ出していました。

宮島先生は、葉や根の特徴から、杉の品種をメアサと断定しました。杉の葉を見ても素人じゃみんな同じに見えます。宮島先生は、わずかな葉の違いを見逃さなかったのです。そして、根に、直根がなく、一メートルぐらいでの深さで横に広がっています。ここから、挿し木で植林したもので、樹齢は三百~四百年だと推定しました。

根が付いた状態で植えた杉であれば、土に真っすぐ伸びていく直根があるのです。

私は、幹回りを図ってみましたが十メートルは超えておりました。幹の直径は三メートル超ですね。

熊本県の阿蘇神社など、大きな神社にある杉がメアサなのです。このために宮島先生は、修験者たちは、阿蘇神社を含めた、当時からある各地の神社の杉の枝を持ってきて、この小石原に植えたのではないかという推定をしました。思わず、膝を打つような説明でした。

このあと、大分県日田市、周辺の村なども回りました。やはり杉の倒木が目立ちました。のちに述べますが、林学者たちが早くから指摘していましたが、拡大造林政策の元、挿し木で植えた杉の危険性が如実に現れました。

現場を歩く林学者、宮島先生の姿に改めて尊敬の念を強くしました。

宮島先生は、一九八九（平成元年）三月に退官記念の著書『九州の杉と桧』（九州大学出版会、非売品）を出版されています。私の名前を書いてくれ、サインももらったその著書は私の貴重な蔵書の一冊となっているのは言うまでもありません。

また、木村教授には、先に話しました遠賀川での鮭の人工孵化、成育、放流では、たくさんのアドバイスをいただいています。急ぐときは電話一本で用が済む関係になっていたのでした。信頼を築いていたからこそできることです。

民俗学研究の手伝い

私は、福岡に戻ってすぐ、長年の趣味だった渓流釣りを始めました。ヤマメを狙うのです。最初、大分県日田市の山中に入ったのですが、全く釣ることができません。釣り好きの人たちに尋ねて、行ったのが、宮崎県椎葉村です。県北西部にある、平家落人伝説で知られる山村です。この村に入って、テントを張って泊まり込みでのヤマメ釣りです。

何度か行くうちに、民宿があることを知り、そのうち、民宿を利用するようになり、民宿のご夫婦ともすっかり仲良くなりました。そのうち、民宿のおやじさんをたっちゃんと呼ぶようになり、村の高齢者たちともちゃん付けで呼ぶ仲になりました。

そのひとり、ひでちゃんは、昔行われていた焼き畑農業を村でも唯一実践するおやじさんでした。私は、その年の最初の焼き畑で、火入れの儀式に立ち合ったことがあります。

火を入れる場所に御幣を立てて、神事を行うのです。御幣の前に酒を供えて「へびわくろむしけらどもよ、ただいまよりこの山に火を入れ申す。ただちに立ち退きたまえ」と祝詞を唱えるのです。火で小動物たちが犠牲になるかもしれないことを神に許しを乞うのでしょうね。

村の人たちは、山で弁当を食べるときも、「山の神」「川の神」と言って、ご飯をひと箸、山と谷に捧げるのです。それほど、山や川を神聖なものとして尊び、親しんでいる村です。それに平家の名残でしょうか、村の男たちには、弓を射ることを趣味にしている人が多いのです。ときには、畑を利用して、的を立てて弓の大会も開いていました。

私は、こんな椎葉村が大好きになりました。

あるとき、平田順治という人から電話をもらいました。熊本大学文学部で民俗学を教えている教授（当時）ということです。椎葉村で民俗学の聞き取り調査を学生とやりたいので、学生たちに指導してほしいというのです。

平田教授は、椎葉村での事前調査で私のことを知ったのでしょう。でも、民俗学など、学んだこともないのです。教えることもできるはずがありません。そう伝えましたが、高齢者と学生との引き合わせなど、聞き取り調査の協力をぜひ、というのです。

それで、平田教授と学生、男女六人ぐらいでしたか、椎葉村に行き、その聞き取り調査、フィールドワークに参加することになりました。

私は、高齢者二人に、夜に学生が訪問すること、昔の暮らしぶりなどを話してくれるように承諾を取り、学生たちを二班に分けて、それぞれ一升瓶の焼酎を手土産にさせて、送り出しました。

その後、民宿で、学生たちが平田先生や私への報告会をしたのですが、これが夜這いのことばかりでした。まあ、昔の男女の出会いの方法の一つでしょうが、学生たちはとてもまじめに報告するのです。一方の家では、夫婦がそろって、二人のなれそめが夜這いだったことをにこやかに話したそうです。

私は、話を頼んだあの二人の顔を思い浮かべながら、顔はまじめに、心の中では、笑いをこらえきれなかったのでした。あの学生たち、今では六十歳半ばでしょうが、民俗学のフィールドワーク、役立ったかな？

え、夜這いってなに？　それは、そうだなあ、上方落語の「お玉牛」を聞いて。よく分かるから。

平田教授が、その後も椎葉村でのフィールドワークを継続したかは、聞かないままです。

これを読んだ読者で、特に若い人へ。これまでにも言ったかもしれませ

平田順治教授（右）と秀行さん
（宮崎県椎葉村で）

んが、インターネットの閲覧で情報を得て、また、メールのやり取りだけでは、人との信頼関係は深まっていきません。

顔を合わせ、言葉を交わして、ということが何回も積み重なって、信頼が深まっていくのです。それに、損になるのか、得になるのか、という上辺の判断ではなく、人生の中で信頼できる得る人を何人も持ってください。その人たちが、さらなる人間関係を広げることになりますから。

宮島先生、木村教授、平田教授ももう、別の世界へと旅立ちました。研究熱心、しかも机や本から抜け出し、現場を大切にする研究者でした。素晴らしい人たちと交流を持てたことは、私の誇りですね。

「鈍行青宮号」の笑ーと漫才（その7）

宮　前回、奥さんのことが少し紹介されました。そのなれそめも聞きましょう。

青　偶然ですよ、偶然。面白くも何ともない、なんて、これ妻には内緒よ。

宮　分かりました。私も実は恐妻家……。いつも怒られてます。

青　お互いつらいね、ご同役。

宮　それに、福岡で事業を始めたんでしょ。オートドア？

青　アウトドアだよ。

宮　どこでもドア？

青　アウトドアだってぇーの。オートドアに、どこでもドアだったら、ドラえもんがデパートに入るところ、じゃないか。正確には西日本アウトドア協会といって、キャンプやカヌーなどの自然に親しむ体験をしようという団体を作ったの。

宮　それじゃあ、その時代と場所に行きましょう。パラララッパラー。どこでもドア。

青　やっぱりドラえもんかい！

西日本アウトドア協会設立と運営

手伝いをしました。店舗や居酒屋の内装の設計、デザインをするのです。欧州をはじめ、米国、カナダ、もちろん、文明とは程遠い南洋の島々の先住民の暮らしなどを見て、また、実際に体験した暮らしを生かしての設計やデザインです。

オーナーの描く店づくりの思いを聞いて、その要望に応えるような内装設計、壁の色、設置する家具、調度などを提案します。これが、結構な評判なのです。

そんなとき、洋装店の開業を目指している服飾デザイナーの女性が現れました。どんな店づくりかを訪ねますが、具体的な思いがまだありませんでした。「まだ、店の開業は早いんじゃないか」とはっきりと言ったことが、彼女の印象に残ったようです。その後、何度か会うようになりました。この女性が妻になったのです。

一般的に、結婚には、職業に就いて安定した収入を得ていることは、大事な要素ですね。私は、定職に就いたことがないし、収入の不安定さでは誰にも負けない。私は、結婚どころではないと、自分でも分かっていましたが、彼女は、そんなことを気にする様子がなかったのです。家族も特に反対はないようでした。

「結婚の機会を失った男女がうまく出会った」結果です。私は彼女と結婚しました。一九七八（昭和五十三）年のことです。子どもは、長男が一人です。

そのうち妻が、福岡市の博多駅筑紫口そばで、和洋折衷のオリジナルファッションの店を始めましたので、その手伝いも兼ねました。これも人気が出たのですが……。頃合いを見て店を閉じました。

アウトドアは命を守る

改めて、暮らしを立てるための仕事を考えたとき、「遊ぶことには誰にも負けない」との思いが頭に浮かんできました。考えてみたら、大学に入ってからの多くが野外活動の生活でした。これを生かせないか。私は、「野外での暮らしができる」「山間部でも歩き通すことができる」「釣りができる」「馬に乗れる」と何でも持ち合わせていました。こんなことを教えることもできるのではないか、と思ったのです。「トエトコキャンプ村」で実施した「アウトドアスクール」の経験も大きな自信となりました。

それに、先に述べたように、電気、ガス、水道といった生活基盤が整った暮らしは、むしろ当然のことでしょうが、私には味気無さというか、疑問も出てきたのです。この暮らしに慣れていく自分への怖さもどこかにあったと思います。

ほとんどの人々が、この便利な暮らしを当たり前のこととして生きている。でも、少しでもいい、自然と向き合う暮らしを体験してもらえないか？　私は「アウトドア」を単に野外活動とは捉えてはいません。いわゆるライフラインのない中で、生きていくためにどう行動するかを考えていくこと、と思っています。命を守ることなのです。

でも、大上段に構えても人はついてはきませんね。「レジャーとして楽しいことから始め、好む人があれば、それに応じてレベルを上げていければ」。そんなことを考えた結果、一九八五（昭和六十）年に「西日本アウトドア協会」を設立しました。会長も会員も私が勤めるたった一人の任意団体です。

対象は、大人も子どもも想定していますから、任意団体といえども、設立のあいさつをと思い、福岡市を訪ねて趣旨を説明しました。応対してくれた職員は「アウトドアって何ですか？」が最初の言葉でした。続いて「事故の責任はどうするのですか？」でした。

もちろん、事故の責任は会長である私にあることは覚悟の上でした。でも、好意的ではない上、また、初歩的な質問に、アウトドアの認知度の低さを知りました。ほかからも「名前を売るためだろう。のちのち、市会議員に立候補するのか」という言葉も投げかけられました。

これは、行政や社会への理解を深めるより、まず、行動を起こして、行政から、社会から注目を受けるようにしようと、心に誓いました。

西日本アウトドア協会を知ってもらう最初のイベントとして福岡県飯塚市の八木山高原で「アウトドアフェア」を開催しました。乗馬体験、ニジマス釣り、ログハウス造りなどを親子連れに体験してもらいました。テレビで人気だった「川口浩探検隊」で隊長を務めた川口浩さん、そのテレビ番組制作で事前に現地に入り調査をしていた立原弘さんもゲストで来てもらいました。川口さん、立原さん、これまでの秘境のことや、探検、冒険の魅力などを楽しく話してくれました。

ところで、立原さんは、一九六三（昭和三十八）年ごろ、日本冒険クラブを設立し、東京千代田区に事務所を構えていました。その後、富士山周辺の火山活動でできた洞窟研究に没頭し、洞窟の研究はさらに広がり、日本火山洞窟学会の会長を務めるなど、学者となっています。二〇二一（令和三）年に亡くなりました。

この「アウトドアフェア」で子どもたちに人気だったのは、ニジマス釣りです。ルアー釣りの説明に目を輝かせて聞いてくれました。釣った後は、炭火で焼いて食べました。ニジマスの塩焼きに大喜び。魚は、家庭や店では、調理されお皿に乗った状態で見て、食べるだけですからね。

たくさんの人がやってきてくれ、PR活動としては成功でした。これを機にカヌースクール、乗馬体験、トレッキングスクールなどの受講生を有料で募集しては、講座を開講しました。当然、私だけでは間に合いません。熊本・菊池川でのカヌー教室、大分県の乗馬クラブなどと提携しました。トレッキングは、福岡県、佐賀県にまたがる脊振山《せふりさん》（一〇五五メートル）山系をコースにして歩きました。冬は、耐寒キャンプ、スキーツアーと一年中アウトドア漬けです。

佐賀県富士町で埋蔵金探し

脊振山を歩いていたのが縁だったのか、西日本アウトドア協会を設立して間もないころ、佐賀県富士町（二〇〇五年に合併で佐賀市富士町）で、「埋蔵金伝説」に絡めて、地域にそびえる羽金山《はがねやま》（九〇〇メートル）の探索をしたのもいい思い出です。羽金山は、背振山系の山で、富士町上無津呂にあります。

富士町といえば、一九八四（昭和五十九）年に、古湯映画祭が始まっていました。これを契機にほかにも人を呼び込もうとする動きが活発になってきたのでしょう。

町の幹部から、声が掛かり、まちづくりの一環として、町をPRするイベントの仕掛けに協力することになりました。私は、町の資料室にある薄い冊子に、「羽金山の十万両伝説」の記述があることに気が付きました。地域の人たちも、その伝説があることは知っていたようでした。

その伝説とは

島原の乱（一六七三年）の勃発により、幕府の命を受けて、鎮圧に向かう福岡藩の軍勢は五十万両の軍資金を持って、長崎・島原や熊本・天草に向かいます。その途中、盗賊に遭い、その軍資金を守るために十万両をこの羽金山に隠した、あるいは十万両を盗んだ盗賊が、羽金山に隠した、などというものです。

伝説には尾ひれがついて「ぼろぼろの着物の男が保護された後に亡くなり、懐に十万両のありかを書いた地図があり、羽金山を示していた」など、福岡各所でも聞かれるようです。

福岡藩は、島原の乱の鎮圧のために年を越した一月十五〜十七日に九千八百十五人が出陣。最終的には、黒田忠之の陣約一万五千五百人、黒田長興の陣約二千五百人、黒田高政の陣約二千人が、反乱軍の本拠である原城に詰め掛けています（『福岡県史通史編福岡藩』などから）。

なるほど、軍資金も莫大な金額になったはずです。しかし、このたくさんの侍に挑む盗賊がおりましょうか、という率直な疑問を呈している文書も見ました。が、現場は山道。広い野原での合戦のように真っ向うから戦うのではありません。地の利があるのは盗賊です。瞬間的に、金を持つごく一部の侍を襲って、方々に逃げれば、不可能ではないですね。

おっと、事実とか推測とかは、こっちに置いて、私はこの伝説に絡めて「羽金山埋蔵金探索イベント」を提案しました。町の幹部も大賛成ということもなければ、反対もいわれません。じゃあ、やってみようと、西日本アウトドア協会からの参加者たちと、地元の人たちと一緒に一泊二日のキャンプをして、羽金山を歩き、夜は交流会を開くことになりました。

一九八七（昭和六十二）年七月、計約二十人が、富士町上無津呂地区に集まり、テントを設営しました。「埋蔵金」が魅力だったのでしょう。テレビ局、新聞社も取材にきましたよ。

もちろん、埋蔵金を探そうという目的ではありません。これは、話題づくりの「看板」ですね。この羽金山はほとんどが岩の山なのです。山を構成する岩に、「空洞に宝があり、中に入ると岩が閉まる」という言い伝えの「戸棚石」、山に入った人が、岩の上から手をつばさのようにぱたぱたさせて飛び降りた、という「つばさ石」、ほかに、薙刀石などがあるといわれていました。ところが、地元の人たちも、その岩がどの岩なのかが分からないようなのです。

実際に探索すると、岩が倒れるように重なり、そのはるか下から沢の音が聞こえてくる所などがあり、とても神秘的な魅力が広がる場所がありました。

地域の人たちの知る範囲で「つばさ石」は低い場所にあるこの岩ではないか。また、薙刀石は、中腹で、私たちが、低木を切り開き、草を払うなどすると、薙刀の刃が立っているような形の巨岩を見つけることができました。山頂近くでは、四角い巨岩も見つけました。これが戸棚石ではないか、ということになりました。地元の人たちが遊び心をもちながら、一定の結論を見た、というところです。始まりが伝説ですから、ロマンを膨らましながら現実に近づけたというところですね。

それから一年後の一九八八年四月、地元の人たちが、十万両伝説も絡めて、「秘境探索コース」として人を呼び込もうと「羽金山振興会」を結成しました。これを機会に、羽金山には登山、ハイキングなどでにぎわいが出たようです。古湯温泉との絡みもできて、地元の人たちのアイデアが、温泉のようにどんどん湧いてきて、観光客を呼び込む動きが活発になったようです。「木枯し紋次郎」の原作者で作家の笹沢左保さん（故人）も移り住んだ町として知られていますね。

子どもの無人島体験企画

面白い企画として、子どもたちを対象にした「無人島体験」というのもありました。夏休みに小学校四年から中学二年までを連れて、長崎県小値賀町《おぢかちょう》の無人島で暮らす、というものです。小値賀町と言ってもすぐに分かる方は少ないでしょう。長崎県佐世保市から西へ約六十キロの海上に十いくつの島からなる町です。

私の希望では二十日間をと考えたのですが、子どもたちの体力などを思い、十四日間にしました。テントを立て、食料は米、玉ネギ、ジャガイモだけを持って、現地で調達できたものを食べるという暮らしです。募集をしたところ、定員の二十人をはるかに超える応募がありました。

保護者と一緒の説明会では、けがをするかもしれない、ヘビや虫など、毒を持った物がそばにくることだってあるなどと、無人島の暮らしにはそれなりに危険があることを伝えました。これで、参加希望者は少し減りました。二度目の説明会では、さらに厳しい面を強調するとさらに、希望者が減りました。

こうして、私、スタッフの目の届く範囲の二十人が無人島体験に臨みました。

この無人島体験は一回で終えるつもりはありませんでした。藪路木島、宇々島、野崎島など、四つの島を選び、次の年には訪問する島を変更することを想定していました。同じ島だと、連続して参加した子が、前回を知っていることもあって、知識や慣れなどで、とんでもない失敗、事故を誘発する恐れがあるからです。

もちろん、町への連絡、地元漁協の協力をいただいてのことです。漁協には、朝、ポリタンクに水を運んでもらうお願い、夕方には空のポリタンクを決まった場所に運んでおく、という約束をしました。

こうして博多港を夜に出航する船で出航、早朝に小値賀町に着き、暮らしの場となる無人島に入りました。私は、飯盒でのご飯の炊き方とか、触ると刺されて肌などに腫れがでる虫、沿岸で比較的多く遭遇し、つかまえることもできるミノカサゴ、オニオコゼなどの魚の危険性も解説しました。

四人一組の班編成をした以外は、暮らし方などは、すべて班に任せました。班長を作るもよし、みんなで話し合って行動するもよし、どのような暮らしをするかは子どもたちに任せました。伝えることは、その都度伝えればよし、と。子どもたちが聞いてきたら、アイデアなり、ヒントを教えようとの態度です。

私は、野外活動に時間割りは要らないと思います。太陽の動き、月の出や星の位置を見ることを大事にします。今まで、野外活動をした経験がある人は、何時から食事、何時には就寝と細かな決まりがあったと思います。食事の準備をするのも、子どもたちは慣れていないから時間通りにはいきません。いや、時間通りいかないのです。だから、周辺の大人たちが手助けをすることになります。私は、時間がかかってもいい、できるまでやろうという、そのできるまでを大きな目で見守り、必要に応じてアドバイスします。

飯盒でご飯を炊くには、燃料が要りますね。子どもたちが木々を集めに行きますと、小さな木の枝一本を拾ってきた子がいました。それでは足りないことは、すぐに分かりました。また、限られた水で、飯盒でご飯を炊くには「米をとぐには海水を使って、炊くときに水を入れるんだよ」とどこかの班に伝えると、それが広がっていきます。

どこかの班は、海水でご飯を炊いたようです。一口食べて「ショッペー」と声をあげています。すると、別の班の子が、辛いご飯を食べてみたくなった、と近づいていきます。やがて、水で炊いたご飯と海水ご飯の交換をしました。「辛いね」という言葉から、別の子も交換したくなったようです。海水ご飯の班の子たちは、辛いご飯は少し食べただけで、普通のご飯も食べることができたようです。面白いものです。

限られた水を有効に使う。このために、のどが渇いたときの飲み方も教えましたよ。ごくんと飲んでしまっては、もっと水が欲しくなるだけです。水を口に入れ、できる限り含んでおくのです。唾液を飲み込むような要領で少しずつ、少しずつ喉に流し込んでいきます。時間をかけるほど、効果があります。こうすると、少しの水で喉の渇きを収めることができるのです。乾いた地域で暮らす人々は、水は貴重品です。そんな暮らしが生んだ生活習慣でしょう。

それにトイレ。最初は、林の中で大便なら穴を掘って、埋めさせることも考えていました。「生理現象は恥ずかしいことではない」が基本です。しかし、小学生の高学年、中学生の女子も入っています。さすがにそこまで、と少し柔らかい対応をして、杭を打ち、シートをくるくると渦巻き状にして、その中心に穴を掘ったトイレをみんなで作りました。「でんでん虫トイレ」です。大丈夫、慣れれば、大丈夫。そのうちに、このトイレも暮らしの中に溶け込んでいました。

私は、みんなの行動を見ながら、表向きは何にもしない総監督のような立場でいました。ときにはアコウの木、そうですね、暖かい海岸付近に生えているクワ科の亜熱帯性高木です。気根《きこん》と言って幹から、枝から根がでる樹木ですね。木の上には寝転がるぐらいの広さができるのです。この木に登って、昼寝を試みました。

アコウの木陰で一休みする子どもたち（無人島体験）

私を見つけた子どもたちが、それまで、木登りなどやってみる気配がなかったのに、こぞって木登りを始めるのです。好奇心旺盛、遊びにはとても意欲的な面を見られてうれしかったですね。

数日間もすると、四人の班には、それとなくリーダー、サブリーダーのような立場の子ができていて、食事の準備だとか、たきぎひろいだとか仕事の役割が決まっていく班もあります。

自分たちでどう食べ、どう過ごし、どう寝るかを考えるようになってきました。

私は、緊急事態のために、エンジン付きの船を準備していました。ある朝、もういいだろう思い、子どもたちに「今日は、ぼくはいない日だから」と言って、船で島を離れていきました。どうするのか、楽しみでしたが、年長の子どもの報告によると、ご飯

羊の皮の水筒で少ない水でのどの渇きを癒す飲み方を教える（無人島体験）

を食べ、普段通りの過ごし方ができている、というのですね。

その日の夕方、クーラーボックスにはアイスキャンデーをいっぱい詰めて、そしてスイカも持って帰りました。色とりどりのアイスキャンデーを見た子どもたちの喜びようったらありません。自宅で過ごしていたときには、ごく当たり前に食べていたアイスキャンデーでしょうが、その冷たさ、甘味を久しぶりに味わった、心からの喜び、笑顔なのでしょうね。

こんな無人島体験は十年、十回続けましたが、連続で参加した子もいました。外で遊ぶ力を養い、自然との厳しさと恩恵を知り、食べられることのありがたさを知る。これは結局、生きることにつながっていくのではないかと考えています。あの子たちは今、何をしているのでしょうね。

手痛い失敗もあった

このアウトドア協会の活動を休止した後のことです。時、場所などは伏せますけれど、手痛い失敗のことを話します。

私のところに報道陣が、いい企画はないかと、持ち掛けてきました。冬の離島キャンプはどうだろうか、というと、食いついてきました。記者、写真記者の計二人です。本土から二キロぐらい離れた島にカヌーで行って、キャンプしてカヌーで帰る、という企画です。

無事、キャンプを終えて、その帰り。雲行きが怪しく風も吹き始めていました。カヌー経験の少ない両記者には危ないと思って、カヌーで帰ることは断念し、明日帰るように提案しました。ところが、報道陣には、この一日がもったいないのです。すぐに原稿化、写真の焼き付けがありますからね。帰ることを主張しました。

カヌーで島を出て、私が先頭で海を渡っていきます。波が強くなってきて、ひょっと振り返ると、付いてきていると思った二人がいません。引き返すか、仮に引き返して二人を発見しても、一人乗りカヌーではどうしようもありません。迷わず、本土を目指し、地元漁協などに救助依頼をすることにしました。

カヌー経験がある人は分かると思います。カヌーは横波には弱いのです。波を受けるときは、カヌーを波に直角に向けて乗り越えて、次の波が来るまでに、目的方向へ漕いで進む。これを繰り返さなければなりません。私は六十歳を超えておりました。

死ぬ気で漕ぎました。本当に必死でした。

結果的に二人は、それぞれ、別の漁船に救助されていました。一人は、低体温を起こし、その漁業者の家で風呂に入れてもらっていました。一つ間違えたら、尊い命を失うところでした。

私は、海上保安部から、こってりと絞られました。その絞られる合間に「あなた、この波の中、本当にカヌーで帰ってきたの」「何歳」と数回尋ねられたのでした。六十過ぎた者が、このしけの中、カヌーを漕いできたことが信じられなかった様子です。「何歳って、運転免許証を見せたでしょ」と、そのたびに答えました。

反省の一つです。

阪神・淡路大震災でテント役立つ

一九九五（平成七年）一月十七日早朝、神戸市などで大地震がありました。阪神・淡路大震災です。マグニチュード7・3、神戸市などで震度7の揺れ、たくさんのビル、高速道路、住宅が壊れ、火災発生などで死者六四三四人、行方不明者三人、負傷者四三七九二人（いずれも内閣府防災情報のページ参照）という、とてつもない地震でした。

このとき、西日本アウトドア協会は、活動を休止している状況で、私は、嘉穂町に移り住んでいました。ですから、後からメンバーから報告を聞いたこと、という形でお話しします。

アウトドア協会で熱心な活動をしていた男性が、転勤のために兵庫県西宮市に住んでおり、この地震に遭遇したのです。携帯電話が普及しはじめたばかりで、高額でまだ一般人にはなかなか手が出せなかった頃です。普段から手紙などでやり取りして付き合いが続いていたのでしょう。メンバーたち四人が、その男性の安否を思って、四輪駆動車に乗って、白米二四〇キロを積んで西宮市を目指したのでした。

現場が近くなると、道路をふさぐがれきなどがあり、どけては通行するという状況だったようです。住所を頼りに男性を訪ねると、自宅近くの公園にテントが立っているのを見つけました。その男性と妻でした。

地震直後は、何が何だか分からなかったといいます。夜になって、テントや車の中に米と簡易コンロを持っていることを思い出したそうです。水は方々で水道管が破損して噴出している。そんなところに福岡からのメンバーがたどり着いたようです。

メンバーたちもテントを張ると、周囲の被災者たちが集まってきて、その人たちにテントを譲り、二四〇キロの米を簡易コンロで炊いては振舞ったそうです。

それから、広場には行政などが準備したテントがあちこちに張られ、一時的な避難場所になったといいます。

アウトドアは、命を守るためといいました。私は、二リットルのペットボトルに米を入れ、一八リットルの水、ガスコンロを常に車に入れておくように指導していました。

転勤で、西日本アウトドア協会の活動から外れていても、その男性は、米などをしっかり常備してくれていたのです。また、仲間の窮状を思い、西宮市まで車を走らせたメンバーたち。話を聞いて、ただただ、うれしかったです。

被災した人たちへ

近年は、毎年どこかで災害が起きていると言っても過言ではありません。台風、豪雨、山崩れ、地震……。たくさんの人が亡くなり、多くの家屋の倒壊、半壊。これまでの暮らしが一瞬にして奪われる痛ましいニュースは目を覆うばかりです。

私も、福岡県の各地で起きた災害には、可能な限りボランティアとして復旧への手伝いに入りました。八十歳を超えた今では、とてもできなくなりましたが。

家族、家を失った上に、体育館などでの集団での避難生活。プライバシーもなくなって、苦しいはずです。たくさんの被害者を見てきて、その苦しみを理解した上で、少し厳しい言葉になるかもしれませんが、あえていいます。ここで必要になるのは「自立の精神」です。

被害を受けた程度や人それぞれの違いで時間差はあるかもしれませんが、自分で立ち上がる気持ちが必要なのです。年齢、性別は関係ありません。立ち上がろうという気持ちになった人から自分でできることから、少しずつ始めてください。前を向いてください。仮に亡くなった方がおられたら、悲しみを少しずつでいい、前向きな気持ちにしていってください。

何から何までボランティアに頼り、「やってくれて当然」という態度で接する人が一部に見られます。避難所で出された食事に「また、握り飯か」という言葉を吐いた人も現認しました。握り飯でも、米を集め、炊いて、それを握り、運んでくるまでにどれだけの人が関わっているのか、容易に想像はつくはずです。

被災地視察に来た大臣が、昼食に出た握り飯に対して「こんなものしか出さないのか」と言ったのは、論外ですがね。人間性を疑います。

ボランティアはあくまで「応急処置」なのです。被災者と接していくうちに、その被災者が少しでも元気になっていく姿こそ、ボランティアの喜びなのです。

命の守り方とは

命をどう守るか。登山などをする人は防寒、防雨、余分な食料、水の携帯など、水上に出る人はライフジャケットの着用は常識の範囲ですね。

それでは、一般者のために簡単に命をどう守るかを話しましょう。先ほど言った防寒、防雨、食料確保などは、改めて常識としておきましょう。

山道で迷った場合。暗くなる前にしておくことは、風、雨を避けられる場所を探すこと。暗くなると、必ず街の明かりが目に入ります。その明かりを目指して歩きたくなる衝動がでます。これはこらえてください。暗がりの山道は危険がいっぱい。足先は見えないですから崖から転落しかねないです。

ナイフ、のこぎりがあれば、腕ぐらいの太さの木が何本もある場所を探します。幹を半分ほど切って、斜めに折り曲げます。その近くの木も同様にして、斜めに重ねるようにして、枝で屋根を作ります。下に出ている枝を落として、地に敷いてクッション代わりにします。複数人であれば、人数に応じた広さで作ります。この下では少雨に耐えられ、露も防ぎますし、小さな焚火もできます。

役立つものは粘着テープです。骨折、捻挫などのときは、木の枝を添え木にしてぐるぐる巻きにすれば応急処置には十分です。着衣の破れも、張り付けてやれば当面は過ごせます。それにこの粘着テープは、燃えやすいため、着火するのに重宝しますよ。

シュロでなった縄を持つことを勧めます。軽いです。昔の登山靴は縫っていましたが、今は接着する作り方が一般的です。靴底が何かの拍子にパカリと外れることがあります。そんなときはシュロ縄で結ぶのです。沢や雨の後を歩くときも、靴の上からシュロ縄を巻いてやると滑り止めになり、転倒を防ぎます。

もっと言えば、野草で食べられるものを見分けること。それでもキノコだけには手を出さないこと。キノコは難しいですよ。

出かける前は「米のめし」を食べておくこと。のちのち空腹になったとき、我慢できるかは、朝、米を食べていたかで違います。朝飯抜きでエネルギー不足になると歩くこともできません。ガス欠ならぬ「シャリ欠」です。

チョコレートなどの甘いものも悪くはありませんが、寒いときに薄い包み紙が除けないのです。私は、いりこ、煮干《にぼ》しを持っていきます。軽いしかさばらない。それに、胃が消化を始めるときに、発熱しますから、防寒にもいいです。

「鈍行青宮号」の笑ーと漫才（その8）

宮　大学教授たちと深い交流、人間関係の構築がないと、こうはいきません。すごい。

青　たくさん勉強できましたよ。

宮　論文もたくさん書きましたか？

青　いや、論文書いてない。学会にも入ってなかった。

宮　ほー、そりゃまた、なしですな？

青　急に博多弁になってる！　いや、学者になろうとは思わなかったし、俺は、自由にふるまう方が性に合ってるのよ。縛りとか、決まりとかそんなのがだめなの。だから、会社勤めとか、同じ所にとどまるようなことができなかった。

宮　旅人なのね。

青　そんなにかっこよくないから、野次馬。

宮　その野次馬が、山と森づくりなんかに大活躍ってところが今回の話。

青　まあ、山、森、木ならね、たくさん話すよ。

宮　これぞ、話題は「山盛り」

「よそ者」の山づくり

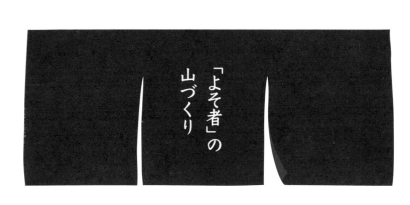

「フィールドウォッチ研究所」所長

これまでもお話ししたように私は、主に二十～三十代に海外探訪による樹木や砂漠を見てきたのですが、私の怠慢でしょうが、論文をほとんど書きませんでした。

指導を受けたり、お世話になったりした教授からは、論文を書くように随分と催促されました。論文を書いて、学会などで発表すれば、ほかの学者や研究者たちにそれなりの情報の提供、共有ができて、役立つこともあったと思います。でも、学者になろうという思いはほとんどありませんでした。全部、自分のためにやったことでした。

また、論文を書かなくて済んだのは、重なる海外での暮らしの費用などに、国や大学、研究機関などから、一円の研究費ももらっていなかったというのも大きな理由でしょう。もし、これらの公的なお金を使って海外に出かけていたら、論文を書かないことは許されないことです。

私の旅の費用は全部、自前です。ですから、まあ、野次馬と言われても、まさにその通りです、と認めざるを得ません。でも、現場に赴き、現場の人と触れ合い、実践を伴って学び研究する、いわゆる「フィールドワーク」においては、どんな研究者にも負けないと自負しています。野次馬でも、プロの野次馬ですね。

現在、私の名刺には「フィールドウォッチ研究所所長」との肩書をつけています。「現場に立って、見る。そこから学び発想する」という思いを込めています。

日本の樹木、森林について

そんな野次馬の私が、樹木、森林について、いくらかお話しをしておきます。

日本は、南北にも東西にも長い国土を持っています。広さは約三七八〇万ヘクタール。このうち三分の二に当たる二四九六万ヘクタールが森林です。気候は、亜熱帯から亜寒帯までの気候帯があり、多くの雨が降り、多様な樹木が育つ国です。

緑の豊かな国ですが、大まかな歴史を見ると、明治時代には、鉄道敷設のための枕木として、第二次世界大戦での船や飛行機製造の材料にと、多くの木材が使われました。一九四五（昭和二十）年の敗戦後は、全国の主要都市が焼け野原となり、復興のための多くの木材が必要になりました。

しかし、それまでの需要のために、乱伐があって、いたるところの山がはげ山となり、使える木がありません。一九五〇（昭和二十五）年、造林臨時措置法が制定されました。指定した場所には、林業に携わっていない者にも造林を行わせることができる、という法律です。同年に緑の羽根募金が始まり、これを資金にした造林が進められていきます。

この造林には、成長の早い針葉樹の杉、桧が主に植えられていきます。これが後に「拡大造林」と呼ばれる事業です。

植えて十五年ほどで、間伐する木は、建設現場の足場用の材木になり、二十年すると九センチ角の簡易建物の材木になり、五十年すれば建築材になる、と、将来の需要の姿、つまり収入も描く説明をしていました。

ところが、一九六〇（昭和三十五）年から、段階的に木材の輸入自由化が始まり、一九六四年には、完全自由化、つまり、関税がかからない海外材が安く流通するようになりました。代表的なものがラワン材、合板として加工されたベニヤですね。これが、日本で多く使われるようになったために、価格が高い国産材木の消費が減っていく原因になります。

建設現場の足場は丸太から鋼管になり、建築材も工法の変化で、真っすぐな外材が求められます。造林には、間伐、枝打ちなど、長い年月をかけて木を育てる計画性が求められるのですが、売れなくなった木の面倒を見ても収入にはならず、結果的に放置され、山には杉、桧が多く立つことになったのです。放置林、荒廃林とよばれる現在の林地です。

間伐、枝打ちなどされた山は、下まで日光が届き、下草も苔も生えます。ここに落ち葉が落ちて腐葉土が作られ、雨を保水し、時間をかけて谷川へと水を注ぐのです。自然の大きなサイクルに沿っていきます。

手入れがされないと、木は枝を広げ、幹も細くなります。枝、葉が日光を遮り、下部に日光が届かないため、下草などが生えず、腐葉土ができにくいのです。杉、桧は浅根性で、土に浅く根を張る樹木です。しかも、拡大造林で植えられたのは挿し木で、大きくなっても土に真っすぐ伸びていく直根がありません。台風などで木が揺れると、根まで揺れますから、山崩れを引き起こす危険性が増してきます。

針葉樹の樹液には、昆虫など小動物には毒性のあるアルカロイドも含まれるために、寄ってくる虫も限られます。針葉樹の葉は細いために虫は食べにくく、その虫をえさとして求める鳥たちも寄りつきません。

私は、この拡大造林を一概に間違いだったとはいいません。確かに、戦後復興のために早く育つ、杉、桧の植林は必要だったのです。しかし、ここで、樹木、造林に詳しい学者や、長年にわたって計画的に林業を営んでいる林業家の声を聞いていれば、もっと違った造林になっていたと思います。

杉、桧を中心にした造林で、学者たちは、早くから倒木、崩落の危険性を予知し、日本中に花粉がたくさん飛び散ることを早くから指摘していました。その対案として、根のある木や無花粉の杉、桧を植えることを指摘していました。でも、金にならないと、聞き入れてもらえなかった。その結果、全国に花粉症が蔓延したのです。最近は、ＰＭ２・５など化学物質と、また季節的に黄砂と重なり、被害は尋常ではありませんね。

理想の山と森の姿

それでは、理想の森、山とはどんなものでしょうか。

実は、理想の森が、日本の中心・東京にあります。明治神宮の「神宮の杜」といわれているあの森です。一九一二（明治四十五）年、明治天皇が亡くなった後、明治神宮の創建が計画されました。その「鎮守の森」づくりを担当したのが、ドイツ留学を終えて、東京大学で「造園学」を初めて講義した本多静六です。その弟子で、本郷高徳、また造園学の祖ともいわれた上原敬二たちも加わっています。

計画時の総理大臣大隈重信が、各地にある主要な神社に杉があるように、ここにも杉を中心に植えるように提案したといわれます。本多は、雨量や土地の保水力などを考えると、この場所での杉では枯死すると説得して、広葉樹、針葉樹、高木、中木、低木など、多様な木を植える方針にしました。本多は、大隈を説得する際、懸命になるあまりに「ばか」と言った、という逸話もあるそうです。

本多や上原は、五十年後、百年後、百五十年後を想定して森づくりを目指していたのです。アカマツ、クロマツなどを植え、その間に桧、杉、サワラなどを植え、広葉樹のカシ、シイ、クスなどを植えていきます。さまざまな葉が落ち、腐葉土を作り、豊かな土壌が形成され、寿命で木が倒れると、そこから同じ木が芽を出すという、長い年月をかけて森が自然のサイクルで自然林となることを構想していたのです。

その森づくりから百年以上が過ぎた現在、神宮の杜は、その土地や気候にあった最もよい状態の森をいう「極相林」になっている、といわれます。

これが山についても同じことが言えるのです。理想の山とは、多くの学者、林業家たちの意見が一致するのは、針葉樹も広葉樹もたくさんの樹木が生えている針広混交林です。

広葉樹は、深根性の樹木で土に深く根を伸ばしていきます。葉っぱが広いために、落ち葉となって、腐葉土を作っていき、これが、雨水などを保水するのです。これが、針葉樹と混在すれば、もっと幅広い腐葉土ができ、土壌の微生物も増え、虫や鳥、多様な生き物がさまざまな生態系を作り出していける、保水力も増すという山、森ですね。

こんな理想的な山が、全国に点在しています。宮崎県綾町、鹿児島県の屋久島などが、よく知られています。そして、その素晴らしい山林が私の地元にもあります。それは「潜在的自然植生」の森であり、さらに嘉麻市の宝の森なのです。これはぜひ知ってほしい。福岡県嘉麻市の大法山《たいほうさん》（二三二一メートル）、白馬山《はくばさん》（二六一メートル）、三高山《みたかやま》（二五一メートル）一帯がそうです。シイ、ナラ、カシ、タブノキなどが生えている照葉樹林帯があります。かつて石炭でそれなりの収益を上げていた地区で、拡大造林をしていなかったのです。林学を研究する人たちはよく訪れています。四季を通じて、この山を観察すると、一般の人でもその素晴らしさが分かります。

山の樹木は、自主施肥といって自分たちの落葉で生きています。こんな山から出る水が谷川に流れ、川が活性化し魚を育て、栄養源を持った水が海に注ぎ、魚類を、海草を育てることになります。少し前から、漁業従事者が、山に登り、植林をはじめとした、山の保全活動をすることが広がっていますが、山と海、その間に挟まる川は「一心同体」ということを理解した結果なのです。森林、川、海の科学的な関係性は、農学、水産学、環境学の専門家が、協力して研究を進めているようです。結果が楽しみです。

山を守るには、林業家や、山の所有者、一部の人の応援だけでは足りません。農業者、漁業者、会社員、学生など、誰もが、林業者などと一緒に、山で遊ぶような感覚でどんどん山に入って、山の整備を手伝うことが恒常的になればと、と思います。

興味深い指摘があります。『図解知識ゼロからの林業入門』（関岡東生監修、家の光協会）が示していますが、先に示した森林の広さを、日本の人口一億二千万人としまして、これで割ると一人当たりの森林の広さは約〇・二ヘクタールになります。これは、一人が森林から受ける恩恵の少ないことを表していますが、逆に一人が、森林のために何かしら役立つことをすれば、それだけ大きな効果が出るとの意味にもなる、というのです。

分かりやすく例えると、三人分で小学生が使うサッカーフィールドの広さぐらいです。これは、山に興味を持ち、理解を示す人を増やし、一歩も二歩も進んで、林業に目を向けてくれる人たちの発掘、拡大へとつなげれば、美しい理想的な山づくりへの可能性を秘めているといえます。この部分は、最後にまとめてみます。

日本にとって、山林、森はかけがえのない宝なのです。四季と適度の雨量に恵まれた、このような国は世界のどこにもありません。

嘉麻市の山づくり活動を開始

今度は山づくりの話をしましょう。これは、最初に話しました鮭の人工孵化・成育・放流と時期は重なっています。私は、並行して、いくつもの活動をしていますので、時系列で話していくとごちゃごちゃとして混乱しそうです。

結局は山も遠賀川での鮭のことも、活動は地域の環境保全という大きな目的になるのです。初めにも話しましたが、私は、一九九三（平成五）年に嘉穂町（当時）の山中に住み着きました。杉林の中を開墾して掘っ立て小屋を建てたこの場所が、一九九四年五月に「スポーツ農園白姓《ひゃくしょう》天国」と名付け、たくさんの人と交流していたことは既に話しました。

ここから、森を作ろうという声が上がり始めたのです。発端は、遠賀川の水量が減少しているのでは、という声です。橋などに、水位を示す目盛りがあります。それを見て、また、川をよく見ている人は、目分量でも判断できます。

国土交通省遠賀川河川事務所にいただいたデータがあります。福岡県直方市の日の出橋での一秒間の流水量です。単位は立方メートルです。顕著な部分を示してみます。

一九八六（昭和六十一）年　三二・四
一九八七（昭和六十二）年　三七・九
一九八八（昭和六十三）年　三一・七
一九八九（平成元）年　二五・七
一九九〇（平成二）年　二五・六
一九九一（平成三）年　四三・〇

年間の雨量は一五〇〇～二〇〇〇ミリで特に変化はありませんが、一九九一年は、秋に大きな台風が相次いで通過し、雨量が多かったことが原因とも見られます。

データは一九七七（昭和五十二）年から二〇一九（令和元）年までの期間をいただきましたが、最高は一九八〇（昭和五十五）年の六四・六、最低は一九九四（平成六）年の一二・四です。流水量の上下はあるものの、全体的に右肩下がりなのです。

私は、流水量が減少していく原因は、遠賀川の源流周辺の山の保水力が落ちているのではないかと思いめぐらせました。

役場職員や地元の人たちとの山歩きで、杉の生えているところに「根洗い」があるのを確認

遠賀川源流での植林風景

しました。雨水が、土に浸み込まずに流れていった痕跡です。

これらのことを踏まえ、行政や住民に呼びかけて、「嘉穂町まちづくり委員会」の小委員会として「森づくり部会」（後に、源流の森づくり推進会議）が発足したのが一九九五（平成七）年のことでした。

下流域の市町に呼びかけて、広葉樹の植樹活動の必要性と参加を訴えました。植樹の費用は、植樹に参加する人から参加費千円をもらい、一般者から一口三千円の基金をもらおうとの計画です。参加者は少しずつ増えていくのですが、一口三千円の募金が二口きただけでした。これでは、苗木が買えません。

別件で、近畿大学九州工学部（福岡県飯塚市、現、産業理工学部）を訪問した際、坂本栄治教授（当時）や曽根靖史教授（当時）にこのことを話しますと、曽根教授が「それなら『I Love 遠賀川実行委員会』で集まった募金が提供できますよ」との申し出があったのです。

「I Love 遠賀川実行委員会」とは、一九八八（昭和六十三）年に発足した遠賀川の清掃活動をするボランティア団体です。曽根教授が、シンポジウムで、遠賀川の大切さを発言し、呼応したたくさんの人々が動いて発足した団体です。清掃活動を継続するうちに、流域住民が集うイベントに発展し、そこに集った人たちが十円、百円の善意を寄せたものが、何と約五十万円になっていたのでした。

うれしかったですね。でも、ただ、ありがとうだけでいいのか。子どもたちをはじめ、たくさん人たちの善意の結集です。そこで、ちょっとした仕掛けを提案しました。曽根教授から、基金提供のことを報道各社に伝えてもらい、取材をしてもらったのです。すると「I Love遠賀川実行委員会」の募金が、遠賀川上流の森づくりに役立てられる、という趣旨のニュースとして発信されました。

私たちにしてもお金を大切にする意識を持つことと、募金の使い道が明確にされ、善意を寄せた方々への領収証代わりにもなったわけです。私は、流域住民のつながりの大切さを思い知った出来事になりました。

お金のことが解決し、起案から二年たった一九九七年、馬見山の遠賀川の源流がある山林の所有者の許可をもらい、約五〇アールに流域住民約五百人が集まりました。杉を伐採し、シイ、カシ、ケヤキ、ヤマザクラなどを植えました。単一樹林では、落葉も単一であるために土中微生物もごく限られたものになり、栄養分も単一化したものになるのです。豊富な木がある、健康な山づくり、ですね。

馬見山の山林は、たくさんの所有者がいて、許諾を得るまでに時間を要するなど、困難な面もありますが、この植林活動は、現在も継続しています。

「奇人・変人」への感謝状

活動が落ち着いたころの二〇〇九（平成二十一）年七月、植樹の主催者である「源流の森づくり推進会議」の森裕治会長から感謝状をもらいましたよ。その文言が「あなたは平成五年馬見山の山麓に突如として現れ様々なボランティア活動を仕掛け、奇人・変人扱いされながらも頑張ってこられました。特に源流の森づくりでは曲者《くせもの》揃いのメンバーのよきアドバイザーとしてご活躍されました（後略）」と書かれています。「奇人・変人」とは参りましたが、言い得て

います ね。

この感謝状は杉材でできています。私の机のそばに置いて、時折眺めていますが、この感謝状が、活動継続の力の源になっています。

何度も登場しますが、二〇二〇（令和二）年からの新型コロナウイルス感染拡大のために、植樹活動は、休止を余儀なくされています。こんな活動が一度、休止になると、その後の継続がとても難しくなるので、私は心配しているのでが、参加者の、心にある情熱がコロナウイルスに蝕まれないことを祈っています。最初に植えた樹木の中には、幹回りが数十センチにも育っているのもあります。参加者たちには、この成長した木を見続けていてほしいです。

ここで誤解がないように、蛇足になりますが、お話ししておきます。

針葉樹では、根が土に張らずに災害が起きやすい。広葉樹では根が張り、災害が起きにくい。これをこれまで何度も口にしてきました。ここで誤解が起きやすいのは、広葉樹の山林でも、保水力を超えるたくさんの雨量が降れば、山崩れは起きることがある、と理解してほしいのです。例えば、河川でも多くの水量を予測して護岸工事を施しても、それを上回る雨量があれば、決壊などの可能性は否定できません。多量の雨で、そこに台風も重なれば、破壊力は増大します。一概に「広葉樹であれば災害は起きない」ということではないのです。

大自然の力は侮れません。

宮　山と森の「山盛り」の話題でした。大隈重信が出てきたり、神宮の杜が出てきたり。私、東京ヤクルトスワローズの大ファンですが、その本拠地・神宮球場そばのあの森にそんな歴史があるなんて全く知りませんでした。

青　当時の林学者たちの先見性がね、凄かったのよ。木のことをよく知ってた。

宮　今では、東京都心のオアシスですよ、あの森は。それにしても、青ちゃん、さすが、森やら林業に詳しいですね。

青　北大やら九大の先生たちのおかげですよ。「聞く前に調べろ、調べて分からなかったら聞いてよし」の先生たちでした。

宮　さあて。山、森ときたら今度は川でしょう。鮭の人工孵化、成育、放流をしている青ちゃんです。川は避けては通れません。

青　川？　息子が一人。「川」という字で寝ていました。昔のことですがね。それが、息子も出ていき、妻からは疎まれて……。

宮　そう、私も、ご飯というか、えさをもらえるだけ。
会社退職して、給料がなくなったら、えさももらえない……。
いやいや、悲惨な家庭のことは楽屋でしましょ。
本物の川です。

青　川を人の体に例えるなら、大きな川が動脈です。
小さな川が毛細血管。地域の血ともいえる
水を運ぶ大切な物ですよ。これが汚れたら大変なことになる。

宮　どうなります？

青　地域の欠陥となります。

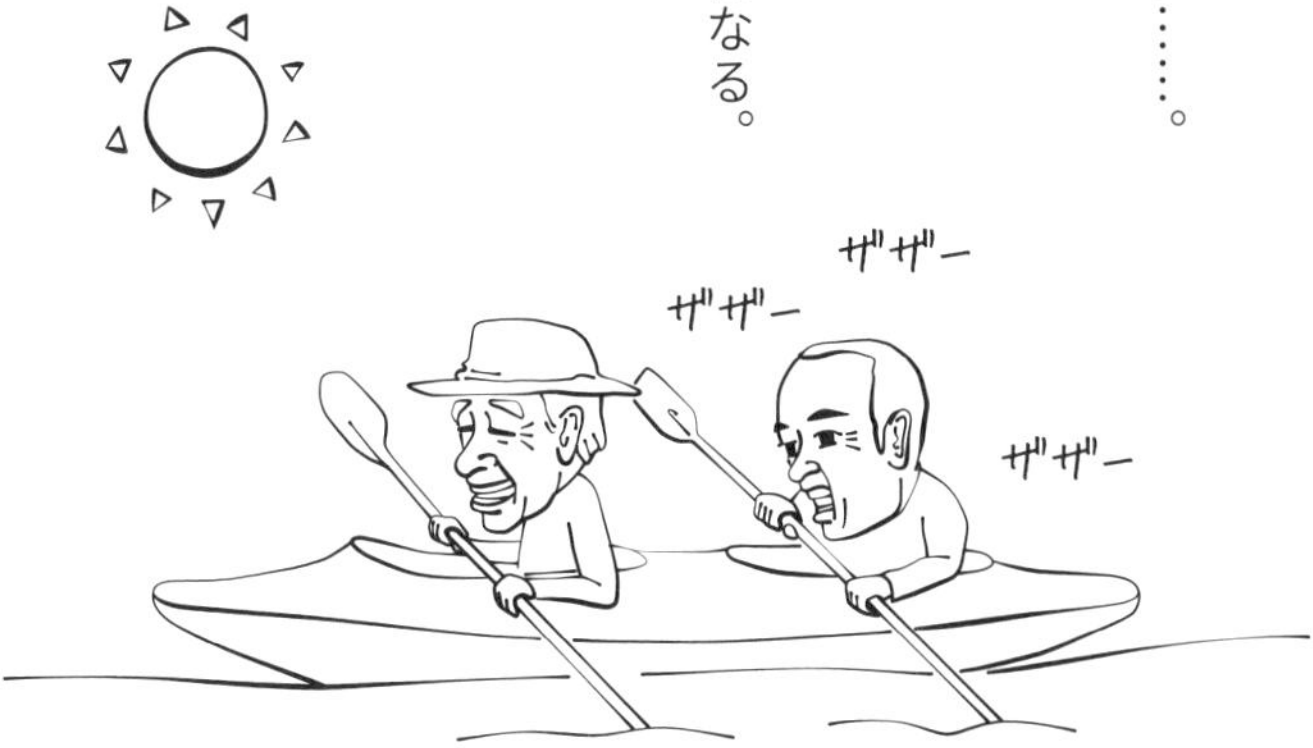

「よそ者」の川づくり

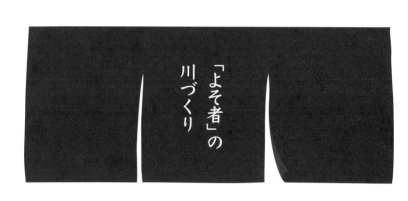

遠賀川を知ってほしい

遠賀川の話をしていきます。まずは、全体像を知ってほしいと思います。国土交通省遠賀川河川事務所発行の「事業概要」に頼ります。

福岡県嘉麻市の馬見山（九七八メートル）に水源を持つ遠賀川は、嘉麻市、飯塚市、直方市、北九州市、遠賀郡などを流域にして響灘に注ぐ延長約六十一キロの一級河川です。

福岡県添田町と大分県にまたがる英彦山（一一九九メートル）に水源を持つ彦山川が福岡県直方市で遠賀川と合流します。ほかに穂波川、中元寺川、笹川などの支流があり、流域面積約百六十五平方キロメートル、流域人口は約六十二万人です。

かつての基幹産業だった炭鉱では、石炭を運ぶ木造船川艜《かわひらた》が行き交う水運の川であり、現在では、流域住民の飲み水を支え、工業都市でもある北九州市などに工業用水、農業用水を供給しています。

遠賀川河川事務所からいただいた二〇二一年のデータを見てみます。

工業用水　　六・九六立方メートル毎秒
上水道水　　九・二三立方メートル毎秒

を取水しています（いずれも最大）。

分かりやすく換算してみますと、工業用水は一秒にドラム缶（二〇〇リットル）約三十五本分、上水道水は一秒に約四十六本分を取水しています。一秒に、ですよ。ドラム缶と言っても、最近はあまり見かけませんね。若い人には分からないかもしれません。昔は、ガソリンスタンドなどには、必ず置いてありましたよね。

これに農業用水も加わりますから、流域の企業や住民にとって遠賀川はなくてはならない川、いや、この川がなければ生きていけない、ということを改めて知ってほしいのです。将来的にも遠賀川は、この地域を維持し、これからの発展を考えるには、まず欠かせない存在です。

河川環境モニターとして

私は、一九九三（平成五）年に、馬見山の山中で野外生活をしてきました。やがて鮭の人工孵化、成育、放流に携わってきました。山を見て、川を見てきました。これが縁で、国土交通省の依頼を受けた調査会社から委嘱された河川環境モニターになっています。鮭の放流後に、その後の遡上調査も併せていっていましたから、当然、ほかの魚のことも見ています。私が確

網を設置して遠賀川の水生生物調査

認した範囲ですが、遠賀川には約八十種類の生物がいます。

まず、遠賀川は「外来種の宝庫」と言っていいでしょう。宝庫と表現していますが、あまりいいことでありません。しかし、これを有効活用する手立てもあると思いますので宝庫としておきましょう。

魚類を見ますとブルーギル、ブラックバス、アカミミガメ、アメリカザリガニなどの外来種がいて、多いです。これは、一部は食料として、またスポーツフィッシングのために放流されたこともあるでしょう。

アカミミガメは北米原産のカメです。縁日などで売られていたあの小さなカメを見た人も多いでしょう。ペットとして飼われていましたが、逃げ出したり、河川に放置されたりして、全国に生息するようになりました。その繁殖力から、生態系への影響も指摘されています。日本の魚でも本来、琵琶湖に生息しているワタカやハスも見られます。琵琶湖産のアユなどに交じって広がり、生息域が広がっています。

遠賀川にいなかった外来種を、いまから駆除して、本来の生態系に戻そうとしてもそれは無理でしょう。とんでもないお金と人、時間がかかります。それなら、これらをいい方向で活用する方法を考えたほうがよさそうです。

スポーツフィッシングの団体などが、この遠賀川を舞台にして、ブラックバス釣り競技大会などを開催しています。しっかりとルールを守る釣り人の育成をするのもアイデアだと思います。魚を釣って遊ぶだけでなく、大切なフィールドの環境にも心くばりをしてほしい。古くからいわれていることですが「来たときよりも美しく」という活動を徹底してもらえば、河川環境の維持にもつながります。

河川を見て回ると、釣り糸、釣り針などを回収することがあります。水の流れで、決まった場所に集まるのですね。もちろん、ほんの一部の人たちが、捨てていくのでしょうが、これが、鳥たちの誤飲につながり、あるいは糸が体に絡まるなどして、本来、生き続けられる命が奪われることになっていることを啓発することも必要です。

私もカヌーを漕いで、水上から見て回りますが、鯉《こい》、フナの産卵を見ることがあります。鯉、フナもしっかりと命のリレーをしています。比較的、汚れた水質に強いのが鯉、フナですが、これらが白いはらを見せて浮いていることがありました。

川に生活排水などが流れすぎて、さらに水量、流れの力も落ちるために自然浄化する能力が追い付かないのです。窒素、リンなどが多く集まる「富栄養化」状態になっているのです。

水中の酸素濃度が低くなり、川底にはヘドロがたまる、ガスの発生が起こることもあります。ドブの臭いがして泡が湧き出しているところを見たことがあるでしょう。最初にいいましたが、この水は飲料水になっています。その川の水で鯉、フナが死んでしまうぐらい水質汚濁があるということを再認識することが大事です。

流域で人口十二万七千人が暮らす飯塚市の公共下水道の普及率は約四七パーセント、浄化槽の普及率は約三三パーセント。直方市が人口約五万六千人で、公共下水道などの普及率約四〇パーセント、浄化槽普及率は約三一パーセントです（いずれも二〇二一年三月現在、両市に取材）。飯塚市で二割、直方市で三割の人たちの生活排水が遠賀川に流れているという計算です。

公共下水道の敷設には莫大なお金がかかるので急速な普及は望めません。合併浄化槽の普及が望ましいのでしょうが、工事費、設置費も決して安くないのです。今後、設置補助率のアップなども考えてほしいのですが、既に設置されている人たちとの不公平感もあるため難しいのでしょう。既設家庭には、管理費の負担軽減なども併せて考慮してはいかがでしょう。遠賀川を守っていく活動として、市民全員の目を向けさせる機会になればとも思います。

カヌー教室開始

これらのことを前提にしながら、この遠賀川を守っていくことは、遠賀川で遊ぶ機会を増やしていくことだと考えました。取り組んだのは、カヌーと沢登りの体験会です。子どもを対象にしていましたが、やがて大人たちも参加してきました。

当時、嘉穂町の倉庫にカヌーがほこりをかぶって積み上げているのに気づきました。「これは何？」と職員に聞くと「カヌーです」との答え。

いや、カヌーは分かるのです。なぜここにこんな形で置いてあるのかが知りたかったのです。まあ「これは何？」という質問が悪かったのです。

聞くと、何かのイベントで町が、八艇を購入した後、次の出番がないまま片付けられているとのことでした。カヌーの指導者がいないから、使うこともないまま、とのことです。もったいない。

カヌーは、カヤックとカナディアンがあり、ここにあったカヌーは、カヤックでした。カヤックとは、艇の上部が、人が一人座る部分しか開いていなくて、腰までを入れ、艇の内部に足を伸ばすようにして乗ります。漕ぐ道具のパドルの両端にひれがついて、パドルを回転させるように、右に左に水面を漕いでいくカヌーです。カナディアンは、艇上部が広く開いています。片方にひれがあるパドルで漕ぎます。

私は、このカヤックを使って、子どもたちを川に連れ出そうと考えました。

その頃です。遠賀川の川辺には「よい子は川で遊ばない」という立て看板があちこちに立っていたのは。一方では「親水」という言葉を使って、川や池などを生かした生活環境を作ることが進められていたのです。川のある地域で、真逆のことが叫ばれていたのです。

川や池の環境が悪くなっていくのは、人がそばに近づかなくなることから始まる悪循環に陥るからです。人が近づくと、ごみを拾う人が出てきて、憩いの場になり、人が近づかないとごみを捨てることが当たり前になっていく、というやつです。

私は、町のスポーツ振興の部署に子どもたちに募集をかけてもらって、教室を始めたのです。私のカヌーは、若い頃、カナダの川辺、湖畔にいたころに覚えたものです。カヌーでないと移動できない地域でした。さらに、西日本アウトドア協会での活動で、熊本・菊池川で、地元のカヌーイストたちの協力を得て、カヌー教室を開催していましたから、指導はできます。

夏休みに約三十人が集まり、基本から教えます。乗り込んで水上に出ると、カヤックがふらつきますが、やがてバランスを取り、パドルも上手に使い始めます。子どもたちの上達は早いです。周囲の遠賀川は、流れも緩やかです。波によりひっくりかえるのを防止することなども教えたいところですが。

うまくなり、やがて競漕を始める子もでてきます。上達者たちで嘉穂町から直方市まで川下りもしました。ところが、次々に堰があって、岸に上がり、カヌーを担いで堰を越えて、また水上に戻るという具合。カヌーを担いで歩くのはやはり子どもたちには無理です。ここは、大人たちの力を借りました。のちに、カヌー下りは、嘉穂町からではなく、飯塚市をスタートにして直方市を目指しました。この間だと、堰は四つぐらいで済みます。先ほど、少し触れましたが、カヌーがうまくなった子どもたちにとっては、遠賀川では物足りなくなるのです。フラットウオーターなのです。傾斜が少なく、流れに大きな変化がないのです。それに、継続してきた子どもたちも中学二年生になって、高校受験が迫ってくると、やはりカヌーは中断してしまいます。惜しいと思っても仕方ないことでしょうかね。せめて、カヌーで、遠賀川に親しんだことを覚えていてもらい、河川環境を守っていく意識を持ち続けてほしいものです。

沢登りの達成感

沢登りで感じたことは、今の子どもたちの受け身の姿勢です。使い古しのスニーカーに滑り止めとして、履いた靴に荒縄を巻き付けるように指導するのですが、これができないのです。便利な暮らしは、縄を巻く、結ぶという行為をしなくてもいいのです。もう、随分と前のことですが、マッチで火を着けるということもできない子がいることが、新聞で取り上げられていました。

沢登りを始めようとすると、靴や衣服が水に濡れるとびっくりして沢に入れない子もいます。だから、最初から胸まで浸かるよう指導します。すると、もう大丈夫。川を歩き、四つ這いになって滝を登っていきます。しっかりと教えていく、この手順が大事です。私がついて沢を歩いていきます。もちろん、危険防止のために周辺には手慣れたスタッフを配置しています。

急な滝が子どもたちを阻みます。

「おーい、ロープ頼むよ」

スタッフが上からロープを垂らしてくれます。子どもは喜んで、ぶら下がります。

「いや、ぶら下がったらだめだ。ロープを持って、足は斜面にしっかり踏ん張って歩くんだ！上でロープを持って引き上げる者のことを考えて」。私の大声で、子どもも理解します。一つ間違えば、上の者を含めて滝に落ちることになります。もちろん、そんなことは予想の範囲ですね。

こんな体験をしながら、川中を歩き、滝を登り、目標地点までたどり着いた子どもたちの達成感は、こちらにまで伝わってきます。

ご褒美ではないですが、子どもたちには流しそうめんのごちそうです。その沢の水で割った青竹を使っての流しそうめん。状況によっては沢に浮かべたシダの葉の中にそうめんを入れて、食べさせます。

青竹を使った流しそうめんで、泥を含んだ水がそうめんと一緒に流れてきました。食べ終えた子どもが、青竹のそばで水遊びを始めたのです。

「こら、そんな場所で遊べば水が濁るだろ。ほかの者のことも考えろ！」

家庭でも怒鳴られる、ということをほとんど経験したことがない子どもたちです。驚き、あるいはなぜ大声で言われる、とポカンとした顔をする子も多いのですが、それもこちらは計算済みです。こんな経験をしながら、旺盛な好奇心を育てながら、自然に接して、しかも人の迷惑になることをしない、さらに危険な行為を回避する、そんなことを覚えていくもの川遊びの一つでしょうね。怒鳴ってみるのも、想定の範囲です。

大人たちよ頑張って

私は、カヌーや沢登りでも、子どもたちを指導しているのですが、本音を言えば、周囲にいる大人たちへの奮起を求めているのです。普段から、まちづくりという言葉が使われていますすが、カヌーも沢登りも大人たちが楽しみ、広げていけば、十分なまちづくりになる、といいたいのです。

この地域には、山、川の空間がある。これを最大限に生かすために、ここにいる人たちが、カヌーや沢登りを普段から楽しめるようになり、欲をいえば指導者となってくれれば。また、山の散策コースで、樹木や草の名前を解説ができるような案内人がいっぱいいて、これを、行政がまとめ、横の連携を取って組織的な活動ができるようになれば、ふだんから都市部の人たちが遊びにくる仕掛けができるのです。

たくさんのお金はかからない、活性化の一つだと考えますが。

ヤマメを放流

私は鮭の人工孵化・成育・放流を続けていますが、併せてヤマメの人工孵化、成育、放流も続けています。子どもたちが鮭の放流を手伝ってくれることで、鮭のことは多くの人が知ることになりましたが、ヤマメの方は静かにやっているので、ほとんどの人が知りません。

私が、渓流釣り、特にヤマメ釣りが大好きなので、鮭と一緒にヤマメも人工孵化を始めたのです。毎年、四~五センチになったヤマメ約二万匹を遠賀川上流、屏川に放流しています。ヤマメは二年魚です。二年目に約二十センチ前後に成長すると、産卵して命を終えます。常時観察もしていますが、そのヤマメたち、自然産卵をしているところも何回も確認しています。

ただ、餌になる昆虫が少ないのです。周囲は杉の木だらけ。前に、話しましたが、針葉樹には、虫にとって毒性のある成分が含まれているために、一部の昆虫しか寄り付かないのです。

ヤマメの放流は鮭同様に体が続く限り、継続していきます。

遠賀川上流域が、いつかはヤマメ釣りのファンがたくさんやってきてくれるようになるのを目指しています。この人たちが、また、川から山へと目を移してくれることも期待しています。

そうですね。これから渓流釣りを始めようという人たち。自分で釣り始めるのではなく、釣りのベテラン、いわば師匠についてください。師匠を選ぶ目安は、自然を愛している人です。

釣りの技術も大事ですが、そこに至るまでに、安全を優先できる人です。川を知ることは、危険を知ることになります。釣り糸などを捨てないことにはじまり、釣った魚を自分でさばくことができる、食べることがその魚の供養になることをしっかりと認識している人です。ちなみに私は、キャッチ&リリースは勧めません。食べない魚なら釣らないことです。

釣りは自然と関わる行為です。思いがけない危険と隣り合っていることをしっかりと認識してほしいのです。

「鈍行青宮号」笑ーと漫才（その10）

宮　カヌーに沢登り。アウトドアの専門家らしい活動ですね。
青　これほんとは、大人たちがやってほしいの。そのときは、大人も楽しんでくれるんだけど、継続しない。
宮　仕事などが壁になるのですね。遊び下手というか。
青　でもね、自然に親しんでいくというのは、いつかも言ったけど生きることにつながるのよ。
宮　生きることといえば、逆に死のことも考えなければいけませんね。これから少し重たい話題になるかもしれませんが、とても親しい人が若くして亡くなったとか？
青　そうです。悲しい出来事でした。でも、彼がやったことは伝えたい。
宮　分かりました。この「笑ーと漫才」、今回はまじめに締めましょう。
青　懐かしい彼の思い出です。

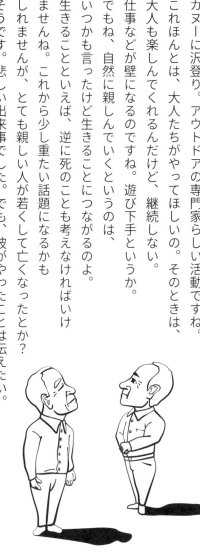

「よそ者」のまちづくり

頼もしい「弟分」の出現

「白姓天国」を開設したころから、私のところに熱心に通ってくる嘉穂町職員がいました。当時三十代の石本和宏さんです。

住まいは「白姓天国」のすぐそばです。当時は、私のことを「宗教団体ではないか」という噂がでるほどです。近隣住民として、また町職員として、私が何者なのか「正体」を確かめに来た、というのが正確なところでしょう。

石本さんは、私と話すうちに、少なくとも宗教団体ではなく、周辺に危害を及ぼす人間ではないという確信は持ってくれたと思います。

仕事を終えた後、また、暇を見つけては私の所へ遊びにくるようになりました。石本さんが親しく付き合ってくれたおかげで、ここに来る地元の人がどんどん増えていったのでした。

石本さんは、果樹園の息子で、観光客をどう呼び込むかは、常に考えていたはずです。私が話す海外の体験談や、近くの山々からはじまり、全国的な山林のこと、林学や環境のこと、率直な街のイメージ、遠賀川の環境保全のことなど、私の話に熱心に聞き入ってくれました。

私は「まちづくりには、核になる人々が必要だ。それも、それぞれに違った価値観を持った人たちが。それに、この街のいい所に気付いてくれるのは、既成概念のない『よそ者』だ」とよく言っていました。

まちづくりに必要なものは「若者」「ばか者」「よそ者」とは、誰が言い出したかは知りませんが、本当にその通りですね。こんな人たちが、みんな違った方向を見ながら、何かを核にして、つながっていることが必要なのです。石本さんは共感してくれました。

歌手新井英一を呼ぼう

私は、石本さんに歌手新井英一さんのコンサートを開けないかと提案しました。「五十人集められたら、東京から新井さんを呼ぶよ」。その言葉に「百人集めます」との言葉が返ってきたのです。

新井英一さんは、福岡市出身。出自は、韓国にルーツがあります。山口県岩国市の米軍基地でアルバイトをするうちに歌い始め、心を揺さぶるような迫力ある声と、素晴らしい旋律と歌詞で聴き手をうならせます。筑紫哲也さんの夜のニュース番組で「清河《チョンハー》への道」を連続で歌っていたのを知っている人は多いと思います。私は新井さんとは、長い交流を持っていたのです。

石本さんは、本当に百人を集めました。もちろん、そこには、賛同した人たちの協力があってのことでした。こうして一九九四（平成六）年、嘉穂町で初めて新井さんのコンサートが開かれました。中には「石本が言うなら」と義理でチケットを買った人たちもいたのでしょうが、みんなが新井さんの歌声に魅了されたのは言うまでもありません。

でもこれは、歌手が来て、歌を聴いて、楽しかった、というイベントではありません。新井英一さんの名前さえ知らない人に、その説明をし、チケットを買ってもらい、さらに足を運んでもらう。この一連の「作業」を続けるには、たくさんの人たちに会い、話すという相当の情熱と力が必要なのです。

チケット販売の活動で、財布を開いた人、財布を開かなかった人ももちろんいました。でもそこに残ったのは、自分の損得で動いていない、懸命な姿でした。これが、人の心と体を動かす小さな波となり、やがて、大きな波に成長していく原点になったと思います。

こんなことが自信になったのでしょう。石本さんは、その二年後、一九九六年四月に果樹園を活性化させるための「九州りんご村花まつり」の実行委員の一人になって、近くの高齢者施設を借りての新井さんのコンサートやリンゴ園、ナシ園を開放して写真撮影会、私も協力して、登山やキャンプを楽しむ親子アウトドア教室、遠賀川源流を歩く「わくわくウオークツチノコ探検」などを企画して、都市部の人たちを呼び込みました。

先ほどもいいましたが、石本さん一人ではありません。これに賛同した人たちの力が結集したのでした。

嘉穂劇場ライブを企画中の急死

新井さんの嘉穂町でのコンサートは、不定期ながら開催が続きました。石本さんは、嘉穂町での初コンサートから十年目となる二〇〇三（平成十五）年秋に、節目のコンサートを福岡県飯塚市の嘉穂劇場で開催しようと準備を進めていました。

その年の六月、私も参加してのコンサートの打ち合わせをする日でした。知人から「石本さんけがしたみたい」という電話に、私は「そうかい、じゃ、今日の打ち合わせ会は延期かな」と答えていました。間もなく、同じ人から「病院に来て」という電話の声が泣いています。飛んでいきましたが、間に合いませんでした。石本さんは、果樹園で薬剤散布車を運転中に木と散布車の間に挟まり、亡くなったのでした。

無情、無念。言葉になりませんでした。全身の力が抜けました。四十四歳ですよ。人生も、役場職員としても、まちづくりの先頭になっていくのも、全部がこれから、という年齢です。

その葬儀には、嘉穂町の幹部から、まちづくりの仲間たち、たくさんの人たちが参列しました。その中にはライブの旅先から駆け付けた新井英一さんの姿もありました。

役場の石本さんの机の周辺には、業務の資料はもちろん、全国各地のまちづくりの資料などが、自分一人分のロッカーに収まり切れず、空いたロッカーを借りてまで収納されていたそうです。自分の担当の仕事をしていくのが業務なのでしょうが、石本さんは、業務外のたくさんのことにも目を向けていたのでした。

その葬儀から間もなくでした。七月、この福岡県筑豊地区をとてつもない豪雨が遅い、飯塚市を洪水が襲い、嘉穂劇場も水没しました。一九三一（昭和六）年建築の建物はもちろん、名物ともいえる回り舞台下の装置、音響機器などがやられ、被害は甚大でした。

これを知った俳優の津川雅彦さんや多くのタレント、大衆演劇をはじめとした劇団関係者たちが、その復興のための募金を呼びかけ、たくさんのお金が集まりました。そのお金が活用されて修復されたことなどは、その都度、新聞、テレビで全国ニュースになりました。

その修復なった嘉穂劇場を会場にして二〇〇四（平成十六）年十月、新井英一さんのコンサートが開かれました。私もそうですが、石本さんの遺志を引き継いだ人たちが、実現させたのです。「石本さん追悼」の冠を揚げたのはいうまでもありません。

そのコンサートには、新井さんのコンサートを実施する全国のファンたちも集まってきました。新井さんは、全国各地でコンサートを開く際、福岡県嘉穂町の素晴らしさや石本さんの情熱とその死を客席に向かって話していたのでした。それに呼応した人たち、そしてもちろんですが、これまで新井さんの歌を聞いてファンになった人、石本さんの死を悼む地元の人たちが千人も集まり、石本さんの死に、心を一つにしたのです。

改めていいます。石本さん、ありがとう。

嘉穂町に生まれ、馬見山や遠賀川周辺をさわやかで素早い「疾風」のように通り抜けて、この嘉穂町に眠るあなたを私は忘れません。

地元産品売る「馬古屏」開設発案

たくさんの地元の人たちとの触れ合い、交流の中での立ち話が、素晴らしい事業として実現した例があります。

農家が多い嘉穂町ですが、地元産品を売るところ、逆に言えば買うところがないことが気がかりでした。気軽に農作物を持ち込んで、販売できる場所があれば。農家と言っても、むしろ、第一線を退いた高齢者が、畑の余地で栽培しているような野菜を売れば、高齢者の小遣い稼ぎになり、健康づくり、生きがいづくりにも広がっていくことになります。

北海道でキャンプ場を開設し、地元産品を直接買い付け、販売しては喜んでもらっていたことを思い出したのです。

役場職員に話すと、興味を持ってくれて、職員と計画を練りました。私は、野菜の新鮮さを第一に考え、嘉穂町で栽培し、その日の朝収穫の野菜を並べる。加工品であれば嘉穂町で製造した物を条件にすることを提案しました。その折、生産者の名前を表示することで信用も一緒に売ることになります。

米は白米を売るのではなく、玄米を置き、精米機を設置して、目の前で白米にして持ち帰ってもらう、などの具体案を出していました。

その職員は、面白がってくれて、実現を目指し、農林水産省の補助事業を見つけ出しました。経営基盤確立農業構造改善事業という、いかにも行政らしい名前の補助事業です。要は、都市住民と地域農業が交流をして、農産物の販路拡大、農家の生産と所得を上げる目的のための補助事業です。

職員とのこんな情報の交換をしながら、私のアイデアはまだまだ、出てきました。消費者から、古かった、傷んでいたなどのクレームは、生産者ではなく、店舗が一括して受け付けることにします。評判の良しあしをしっかりと店舗が把握するためです。同一生産者に苦情があればイエローカードを出し、苦情が三回になれば、レッドカードを出して、一時的に出荷停止とすることなどとしました。

生産者に緊張感を持って出荷してもらうためです。直売所だから安全を売りにしていることをいいことに、売れ残りを何食わぬ顔で翌朝、出荷するようなことを防ぐためです。

また、閉店後の売れ残りは、出荷者が回収すること。閉店後、一定時間を過ぎても回収がない場合には、破棄する、というものもありました。破棄するところを見えるともなく、見せることで「新鮮な野菜を販売している」という、最大のPRの言葉が生きてくるのです。

でもこれは、現在では食料廃棄につながり、とてもできることではありませんが……。現在では、回収を徹底するようになっています。

「無農薬」というPRはしないことにもしました。虫が出てくれれば、消毒をしないわけにいきません。それに、水をまいていても、知らない人が見れば、農薬をまいている、ととられかねません。今は、SNSですぐに情報は拡散します。ですから、無農薬は宣言せずに、減農薬というなら大丈夫だと。こんなところにも気を使いました。

こんなアイデアを出しながら、私も生産者からの農産物出荷のお願いや、理解者の拡大などをしていきました。

「大根一本でも出してもらえないか」「大根一本が売れるのか」

そんなやりとりもありました。参加者はなかなか広がらなかった。当初の出荷者は三百人を目標にしましたが、出荷に応じてくれた人は二百人に達していなかったと思います。

そうしているうちに、町職員の企画書も完成していきます。農水省への補助申請も通過しました。補助金を活用して、嘉穂町が、土地購入費、建設費など計一億五千万円をかけて施設を建設し、運営はカッホー馬古屏利用組合が行います。

議会の承認などを経て「カッホー馬古屏《まごへい》」が開店したのは一九九七（平成九）年四月です。「馬」は馬見山、「古」は古処山《こしょさん》（八六〇メートル）、「屏」は屏山《へいざん》（九二七メートル）と嘉穂町でおなじみの三山からこの名前が生まれました。

町が設置し、生産者が組合を設立して運営するという方式で、新鮮な農産物の直売所は福岡県でもまだ、珍しい存在でした。

北九州市や福岡市などからも買い物客が訪れました。個人はもちろん、企業の寮の食事担当者が「ガソリン代を使ってでもここに来た方が安い」と言ってやってくるのです。

売り上げは初年度に二億円を超え、その後も売り上げを伸ばし、二〇〇二（平成十四）年度には五億六千万円、二〇〇三年度には五億八千万円を売り上げています。出荷者も五百人近くまで増えたようです。

開店当初から、各地域からの視察が相次ぎました。私もこの好調な馬古屏がうれしくて、私も人工孵化した鮭の稚魚を水槽に入れて見せたりしました。あちこちの講演に行くたびにこの「馬古屏」のことをしゃべっていました。

現在では、農産物の直売所があちこちにできました。出荷者たちの高齢化もあり、さすがに五億超というわけにはいかないようですが、お客さんに喜ばれる直売所として、今もお客さんでにぎわっています。

講演で移住者がやってきた

私の、森づくりの活動などであちこちから呼ばれ、講演してきました。

一九九八（平成十）年でしたが、福岡市で「田舎暮らし」をテーマにしたシンポジウムのパネリストとして登壇しました。

私は、嘉穂町の山中でのテントや掘っ立て小屋暮らし、荒れ地を拓いて畑を造ったことなどを話し「嘉穂には、多くの物を育て、支える山と水を含んだ空間があるのです。この空間を愛し、生かせる人は嘉穂に来てほしい」と訴えました。

私は、まちづくりのために、都市部から田舎に暮らす人を増やす必要がある、と思っています。でも、それが高齢者ではだめなのです。差別ではありません。高齢者であれば、都会に住む方が、日々の暮らしをはじめ、医療、福祉などがはるかに充実しています。

地域に溶け込む順応性と、田舎であることを生かして、生産性、創造力を高める活動をしてもらい、地域の力の底上げや、引き上げる原動力になってくれる人が、田舎には必要なのです。そんな思いを込めての発言でした。

シンポの後は、私を含めたパネリスト三人が横に並び、パネリストの前に並んで、個人的な質問をする時間が設けられました。自慢ではありませんが、私の所だけに長い列ができたのでした。そんな中から、熱い思いがこもった連絡をくれた人が、福岡市博多区にハムづくりの工房を持っていた福山晋治さんでした。

そのうち福山さんは奥さんを連れて、熱心に嘉穂町に通ってくるようになりました。まちづくりの仲間たちが、私の「白姓天国」に集まることを知ると、豚の太もものハムをテーブルの真ん中にどすんと置いてくれたりしました。

大晦日は、私の「白姓天国」で、年越しの飲み会となり、希望者は馬見山での初日の出、もう一組は、遠賀川源流で、竹筒に「若水」を組むという新年の恒例行事にも参加してくれました。

ここでちょっと別の話題をはさみますが、「白姓天国」にやってくる登山愛好グループの人たちが、この馬見山の初日の出に合わせて、山頂で餅つきをしたこともありましたよ。だれからともなく発案されたのでしょうが、あの石臼や餅米を担いで、せいろにガスボンベ、水などを運んで、餅つきをして、ほかの初日の出見物の登山の人たちに振舞ったのです。わいわいがやがやから、こんな行動をするグループが出現するとは。人が集まり、つながることはとんでもない力を引き出してくれる典型のような例です。

話を元に戻します。

こんな交流を続けたことで、嘉穂町への移住を決意したのだと思います。もちろん、そこに至るまでは葛藤があり、人に言えない悩みなどもあったでしょう。さまざまな思いを乗り越えての移住だったはずです。

まちに移住者がやってきた
福山さんのハム工房「ジャンボンヨーク」
（福岡県嘉麻市馬見）

二〇〇〇（平成十二）年十月、この嘉穂町に福山さんのハム工房兼店舗が完成しました。店舗は「ジャンボンヨーク」と名付けられました。その店舗の棟上げ式には町長も議長も顔を見せる歓迎ぶりでした。もちろん、開店後にも地域住民たちの支援も継続しています。

実は、私が遠賀川の鮭の遡上調査をしているときに捕獲した鮭を、標本にするまでの間、福山さんの店の冷蔵庫に保管してもらったことがあります。ほかの連中は、狩猟でのイノシシやシカを持ち込むのです。福山さんが、おいしい燻製にしてくれて、われわれのまちづくりの会合で出してくれるのです。移住者に負担をかけることは、あまりいいこととは言えませんが、福山さん、すっかり「土地の人」になったようです。

そんな福山さんが、二〇〇八年二月、日本特産農産物協会（東京）から「地域特産物マイスター」と認定されました。当時、福山さんは六十六歳。二十歳でハム職人となってこの道四十六年、嘉穂町に移って八年となったときでした。地元有志で祝賀会も開きましたよ。

福山さんの長男敬悟さんは、ドイツでのハムづくりの技術留学も終えて、「ジャンボンヨーク」の後継者として、しっかりとこの地に根を広げようとしています。

ほかにも、そば職人、陶芸家たちが移り住んでいます。やはり、水に合わないで、途中で引っ越しした人もいます。志半ばで亡くなった方もいます。でも、仕事、創作に精を出していますよ。この人たちを包み込むような馬見山の山里。私はまだまだ、この山里の魅力を発信していければと気を引き締めています。

人材は「人財」だ！

ここに縦長で二十ページ足らずの薄い冊子があります。私が、いい思い出になるのでは、と大切にしまっておいた冊子です。二〇〇〇（平成十二）年に嘉穂町まちづくり委員会（事務局・企画財政課）が作成した「都市生活者のナチュラルライフ応援誌　アッテハナソ」という冊子です。

タイトル通り、都市部に住む人たちが、息抜きや遊びで、また興味本位でふと、田舎に行ってみたいと思うとき、何を頼りにしていいのか分からないというときに、頼りになるガイド本なのです。

私は、嘉穂町に移り住み、人々との交流の広がりで、実に多彩な人たちがいることを実感しました。酒造り、みそ造り、工芸家……。この人たちは、人材であり、財産なのだと。こんな人たちを一堂に紹介することができないか、町の担当者に提案したのです。すると、その担当者が乗り気になって、誰を選ぶのかなどの相談が始まったのです。その職員は、普段から役場の外を見る人でした。机の上で書類を見る職員であれば、こんなに素早く動くことはありません。町、人を知っているだけに、私の意見を聞きながら、何と四十四人の掲載者を選びました。

その四十四人の活動内容から「食」「自然」「文化と遊び」「工芸」と四分野に分けてその道の達人を紹介しています。例えば「食」であれば、酒造り、奈良漬け、ジャム製造、林檎《りんご》、梨《なし》の果樹栽培者など、「自然」では、盆栽、菊《きく》、ハーブ栽培など、「文化と遊び」では、地域づくりの先達、歴史家、そして、私も「田舎暮らしの達人」として掲載されています。「工芸」では、木工芸、陶芸、藁《わら》細工などなど、なるほど、会って話したい人たちばかりが満載されています。

この冊子は、福岡市、北九州市の主要施設に配布されました。都市部の人たちから、問い合わせが入るなど、嘉穂町の交流人口を増やしていくガイド本になったと思います。だからと言って二十四時間、都会人の相手もできません。住所や電話番号も掲載していますが、電話ができる時間帯も併記しています。この冊子を利用する人にも、相手のことを考えて、という意思表示にもなっているのです。

この冊子が、あちこちのまちづくりの会合で取り上げられたようで、ある町で開催されたまちづくりの事例発表で、「アッテハナソ」とほぼ、同じ趣旨で作られた冊子を得意げに示して発表した人がいました。「こちらはもうやっているよ」と内心誇らしい思いがしましたよ。

生涯学習まちづくり研究会発足

その二年後の二〇〇二年六月、嘉穂町まちづくり委員会の活動を引き継ぐ形で、住民団体「嘉穂生涯学習まちづくり研究会」が発足して、私がその会長を務めることになりました。

ここでその生涯学習まちづくり研究会について少し話しておきましょう。

文部省（当時）にいた福留強さんが、一九八九（平成元年）に全国生涯学習まちづくり研究会（現、ＮＰＯ法人全国生涯学習まちづくり協会）を発足させました。会長は福留さんです。

私は、遠賀川源流の山中で野営生活をしていることから、田舎暮らしなどを講演したり、シンポジウムのパネリストとして発言したりしていましたから、福留さんの目に入り、理事に迎えてくれたのです。

福留さんの発信力はすごいものがあり、行政主体、あるいは、住民主体など、形は違っていましたが、「生涯学習まちづくり」をうたった組織があちこちで誕生し始めました。その発会式などに福留さんと一緒に出掛けました。私は、住民が古里に誇りを持てる意識変革を訴えました。

しかしながら、青木宣人では、人を引き付ける知名度がないですね。福留さんは、バレーボールの日本代表だった大林素子さんやデザイナー山本寛斎さんら、たくさんの人たちを講師陣に招き入れ、生涯学習まちづくり研究会を全国に広げたのです。私の名前は、有名人たちに隠れてすっかり消えてしまいましたが、福留さんの思いを受け止め、それなりの手伝いができたのではないかと思っています。

その嘉穂生涯学習まちづくり研究会の活動を紹介してみましょう。「生涯学習」というと、高齢になっても絵や書道を習う、公民館などで講座に参加することを連想する人が多いかもしれませんが、まちづくりもその生涯学習になるのです。自分たちの町の歴史や文化、技を持っている人を知ることで地域の魅力が浮き上がってきます。これがまちづくりのスタートです。

研究会が取り組んだ事業に「平成子どもふるさと検地」があります。子どもたちに町のことを知ってほしいと、まずは、協力企業を探し、地元産業を体感させました。酒蔵、製材所、みそ醸造場、ガラス工房などが、見学に協力し、その仕事ぶりを話してくれました。それに、教職を退職した人たちが、町の歴史、産業を話してくれ、葦ペン画のベテランが、アシを使って筆にして、作画の指導もしてくれ、本当に生きた学習が展開されたのです。

それに山歩き。山の町ですからね。私は、ある人に、水晶がよく出る地域がある場所を教えてもらっています。水晶が見つかるかどうかは、そのときの運ですが、実際に子どもたちを連れていきました。子どもたちが土を掘ると、透明で美しい大小の水晶が出てきました。この水晶を見た子どもたちの目は水晶のように輝いていました。一方で、見つけることができなかった子ども。あの残念そうな顔。

なぜ、ここで水晶が出るのか。水晶は、昔から装飾品として重宝されました。推測ですが、昔ここに、水晶を集めて大小の選別や、加工するための施設でもあったのではないでしょうか。でないと、この一帯だけに水晶が集中して出てくる理由が見当たらないのです。

ただ、残念なのは、こんなことに大人たちの反応が少ないということです。この事業は継続してますます盛んに、ということにはなりませんでした。

そこに二〇〇六年に嘉穂町を含めた四市町が合併して嘉麻市が誕生しました。人口一万前後の町から三万八千人となり、そして市の面積も広がりました。新市にとっては、このまちづくり研究会も一地域の小さな活動になりました。まあ、ここで私の役目も一区切りということでしょう。

もちろん、嘉麻市も子どもたちの健全育成事業として、この「子ども検地」の趣旨を引き継いだ取り組みも継続されています。先ほどもいいましたが、参加する大人が面白がることが、継続と発展につながります。

宮　いや、石本さんの話、涙がこぼれましたよ。
信頼する人が急に亡くなるなんて、
最初、どうすればいいか分からない。
青　宮ちゃんにもそんな人がいる？
宮　直木賞作家の葉室麟。病気してたのも
最後まで隠していたし、突然にあっちに
行ってしまった。30年の付き合いでしたけど。
青　そりゃ、心配かけたくなかったんだよ、
きっと。
宮　葬儀では、死んだ驚き、悔しさ、彼の偉大さ
なんか全部をぶつける弔辞を読んだ。
ところで、青ちゃん、いろんな人との

青　お付き合いがあったそうで。
自然に出会ったのよ。だから、必要以上に
緊密にもなってないし。
会いたい、会おう、と思って会ったわけでもない。
でも出会った。
だけど連絡は途絶えることはなかった人たち。
それこそ、突然に死んじゃった人もいる。
植村直己さんやらね。

宮　げー、あの植村さんですか。とんでもない人たち
が出てきそう。わくわくするような
そんな交友録、どうぞー。

交友録

たくさんの人との出会い

八十年を超えて生きてきました。世界各国を歩き、また、森づくり、まちづくりなどの活動をしてきた中で、たくさんの人との出会いがありました。その人たちの姿、言葉、行動が、私自身の血となり、肉となっています。ここでは、私が出会った人たちの中でも、多くの人が知っている人たちを紹介し、その出会いと交流などを話してみます。でも、有名人だからと言って、こちらから特別に交流、面会などを求めたこともありません。私は、元来、人にべったりとくっついて、親しくなるタイプの人間ではありません。

有名でも何でもない人たちにもたくさんの素晴らしい人がいます。その人たちの言葉と行動、これらも力となっています。また、私が、その人たちの血にも肉にもなっているのかもしれません。そうであれば、うれしいです。

シンガー・ソングライター　新井　英一さん（福岡市出身）

イラストレーター　黒田征太郎さん（大阪市出身）

黒田征太郎さんとは、いつのころかラジオ出演でご一緒して以来、連絡を取り合っていました。黒田さんが、活動の一つとして行っていたライブペインティグを見聞きしていました。黒田さんが、音楽演奏と同時に絵を描くというイベントです。その相棒として、よく演奏していたのがシンガー・ソングライターの新井英一さんでした。この時点で新井さんのことは「名前を知っている」という程度でした。

美星保育所に描かれた黒田征太郎さんのイラスト。今も子どもたちに人気だ（福岡県東峰村）

私の主宰する西日本アウトドア協会の活動が縁で、私は、福岡県宝珠山村《ほうしゆやま》（現、東峰村）のむらおこしコーディネーターを務めていました。一九八八（昭和六十三）年三月、村の美星保育所が新築されたとき、何か記念になることを、との地元要望が上がりました。それに応えようと、黒田征太郎さんにこのライブペインティングを頼みましたところ、快諾を受けました。一緒にやってきたのが、やはり相棒の新井さんでした。

黒田さんが、保育所の壁などに絵を描き始めると、新井さんがシンセサイザーを弾いて歌います。そこで歌った曲の中に「南人情博多節」がありました。

私は驚きました。福岡に移り住んで間もなく、行きつけの喫茶店の有線放送でよく流れていたのがこの「南人情博多節」で、私は、随分と気に入っていました。これが、新井さんの曲とは知らないままだったのです。

「あの曲は、新井さんの歌だったんですね」というと、新井さんは「（福岡市に住む）母ちゃんが、有線放送によくリクエストしてくれたんですよ」。距離が一気にゼロになりました。

以来、福岡市に置いた西日本アウトドア協会の事務所で新井さんのライブを開きました。そのときの事務所には「ライブハウスブルーウッド」という看板を揚げるのです。青木の「英訳」ですね。

新井さんは、一九五〇年、福岡市生まれ。ルーツは韓国です。中学卒業後に、山口県岩国市の米軍基地でアルバイトをしている途中、ブルースに魅せられ、米国へ渡るなどして音楽の道を歩き始めました。一九七〇年に「馬耳東風」でデビュー。ブルース、バラード、ロックとどんなジャンルも歌い、心に響くような詩と歌声でたくさんの人を魅了しています。

新井さんの「清河の道」が、ジャーナリスト筑紫哲也さんのテレビニュース番組で使われたのが一九九五（平成七）年でした。
私との交流が長くなり、新井さんが、私をモデルに作詞作曲をした曲もあるのですよ。「ジプシー」「冒険者」などの曲です。私が作詞して、新井さんが作曲した「彷徨ホテル」がCD「ブルースを唄おう」に収録されていますよ。「彷徨」は「さまよい」と読みますが、曲名は「さすらいホテル」と読ませています。新井さん、ゆっくりとしみじみと歌ってくれています。

彷徨ホテル　詞　青木宣人

赤い夕陽がサヨナラして　モンゴル荒野に夜が来りゃ
興安下ろしが肌を刺す　ここは地の果てウジムチン
馬よお前もつかれたろう　今夜もホテルは草枕

砂のむこうに夢追いかけて　モンゴル砂漠に夜が来りゃ
星がたよりの一人旅　ここはオドルス砂の街
馬よそろそろ安もうか　今夜のホテルは砂枕

嵐の去った砂漠の海は　夜のしじまが支配する
遠くでウルフが鳴いている　月にかがやくモンゴル荒野
馬よ頼むぜ駆けてくれ　今夜のねぐらはパオ枕

新井さんのライブは、私が、遠賀川上流で暮らしたときも、地元の人たちと一緒によく開催したことはお話しした通りです。新型コロナウイルスの感染拡大で、歌手や舞台に立つ芸能人たちの活動が大きく制限されています。心配しているところです。

冒険家　植村　直己さん（兵庫県出身、一九八四年二月死去）

登山家でのちに火山洞窟の研究家として、学者としての活動が知られる立原弘さん（故人）が、一九六三年（昭和三十八）年ごろ、日本冒険クラブを発足させ、東京千代田区に事務所を構えていました。立原さんと私は、当時からの知り合いで、一九七八（昭和五十三）年に始まるテレビ番組「川口浩探検隊シリーズ」の制作のために、事前調査として海外の秘境によく一緒に出掛けました。

立原さんと親しく、この事務所によく出入りしていたのが植村直己さんでした。私もよく出入りしていましたから、ここで顔を合わせて、話し込んでいました。植村さんは、一九四一（昭和十六）年生まれ、兵庫県出身です。年齢は私よりも一つ下です。

植村さんは、日本人で初めてエベレスト登頂に成功し、世界初の五大陸最高峰登頂者になるなど、すさまじい活躍をした人です。

植村さんは、日本にいるときは、スポンサーの要望に応えて、講演やイベントに引っ張りだこです。街に出れば、植村さんに気付いた人たちから話しかけられるなどして、プライバシーもなく、気が休まらないのです。有名になったから、といえばそれまでですが、声を掛けられたり、無神経な質問責めに遭ったり、その上に握手、許可も求めないままの写真撮影など……、これじゃ、誰だってたまりません。

登山、冒険のことなどが分かった人が静かに集まるこの事務所こそ、植村さんにとって安らぎの場所だったのです。この事務所や近くの喫茶店で、植村さんとよく雑談をしました。普段、勤務しているわけでもなく、プライベートでいるときは、ぼーっとしています。それは、私も一緒です。喫茶店では、コーヒー一杯で数時間は過ごしました。

当時の喫茶店は、場所を提供するという意味もありました。それでも、限界が来るとこぶ茶が出るのです。これは「もう帰れ」という合図ですね。もっとも私たちの「正体」を知った喫茶店は、それでも大目に見てくれて、こぶ茶のおかわりにも応じるようになりましたよ。

植村さんは、普段からあまりしゃべらない人です。講演でも朴とつな人柄のまま、多くを話さずにいることもあったといいます。

本人が言うには、演壇に立ち、何もしゃべらずにじっと立ち続けていたこともあり、主催者から「何かしゃべれ」という合図を見て「えー」と声を出したら、それだけで大きな拍手がきた、とか。植村さんが、姿を見せるだけでも観客は満足したのかもしれませんね。もちろん、講演では、自身の冒険のことや自然保護の大切さなどをそれなりにしゃべっていたのでしょうが。

私と植村さんと奇妙な話で一致したことがあります。山中でテント内にいるとき、近づいてくる動物たちを見なくても、それが何かが分かる、という話です。狐《きつね》、狸《たぬき》、栗鼠《りす》、鹿《しか》、猿など、姿を見なくても足音、息遣い、気配で分かるのです。去っていく後ろ姿で確認したり、足跡で確認したりして、見ないうちに思った動物と一致しているのです。これには、お互いに驚きました。

また、うんこの話。厳寒のテントでうんこはどうするのか。テントの中で新聞紙の上にする、というものです。新聞紙は、暖をとるのに結構役立ちます。その一枚を破って切れ端の上にうんこをして、外に出します。すぐにがちがちに凍り付きますからね。別に私と植村さんは臭い仲でもありませんが。経験者同士、こんな話で意気投合しました。

一九八四（昭和五十九）年二月、米アラスカ州のマッキンリー（現、デナリ）の単独登山に成功した帰りにクレバスに落下したのか、消息を絶ちました。

その後、立原さんたちが、追悼登山としてマッキンリー行きを実施しました。私も誘われたのですが、どうしても外せない仕事と重なっていて、私は断念しました。

あれだけのベテラン登山家で、用心深い行動をすることで知られていた植村さんを帰らぬ人にしてしまう、大自然の過酷さ、恐ろしさを改めて思い知らされました。「あなたが大好きだった大自然の中で静かに眠ってください」というしかなかったですね。

自然保護活動家、小説家　C・W・ニコルさん

（英国ウェールズ出身、二〇二〇年四月死去）

「アオキさん？　ニコルだよ。今度、チャー〇〇が来るけど、うちに来ない？」

流暢な日本語で電話をしてきたのはC・W・ニコルさんでした。

「チャー何とか」が聞き取れなかったのですが、指定する時期に、彼が住む長野県まで行く金がなかったのでした。適当にいけないことを告げました。後で知ったのですが、「チャー何とか」とは、イギリスのチャールズ皇太子（現・国王）のことでした。借金してでも行けばよかった。後の祭りですね。

ニコルさんとの出会いは一九七七（昭和五十二）年ごろだったでしょう。ニコルさんは、小説『勇魚』（一九七八年発表）を書くために、取材で和歌山県に移り住んでいますが、その折に、和歌山の私の友人がニコルさんと知り合い、私と引き合わせてくれたのです。

ニコルさんは、イギリスウェールズ生まれ。若いころに北極圏を探検したり、カナダのイヌイットとの暮らしをしたりしていました。私も、砂漠探検、米国アラスカ行きなどをしたことから、話しは弾み、交流は深まりました。

ニコルさんは、一九八〇（昭和五十五）年に長野県の黒姫山に住み、周囲の里山の再生活動を始めました。このおうちには私も行ったことがあります。猟もしていて、いい散弾銃を持っていました。猟犬のセッターも飼っていました。

その後、私は、遠賀川の上流で鮭の人工孵化、成育・放流と、さらに山に広葉樹を植える活動をするようになってから、また距離が縮まりました。ウェールズには「鮭が森をつくる」という意味のことわざがあって、私はよく「森が川をつくり鮭をつくる」と言っていたことと一致したのでした。

ニコルさんが、各地を講演する際、何回か私をゲストに呼んでくれたこともありました。ニコルさんと私が、鮭をテーマに対談した映像が飛行機内の映像で放映されたらしく、私の住んでいる嘉麻市でのニコルさんの講演を望む声が私に届きました。二〇一二(平成二十四)年八月、嘉麻市の古処山キャンプ村「遊人の杜」で、ニコルさんを囲んだシンポジウムが実現しました。

シンポを終えた後で雑談しているとき、私が「猟で雉《きじ》も撃つニコルさん」と紹介したのですが「アオキさん、もう猟はしてないね。殺生はしてない」と笑って訂正をいれてきました。

森を愛し、荒れた里山を目の当たりにして森づくりを実践したニコルさん。二〇二〇年四月に亡くなりましたが、新型コロナウイルスの感染拡大の初期でした。その感染症の正体がまだ不明のときで、多くの人が恐れている頃でした。お別れもできないままでいます。

医師　中村　哲さん(福岡市出身、二〇一九年十二月死去)

一九八五(昭和六十)年前後、福岡市中央区に「ウインナコーヒー」という喫茶店がありました。十人も入ればいっぱいになるような小さな店でしたが、マスターの人柄がよく、コーヒーもうまくて、当時では割高だったコーヒー五百円にもかかわらず、客が多かったです。

映画監督黒澤明の「映画に出た」という無名俳優、地元で活躍するタレント、弁護士など、私も含めて、いろんな人たちのたまり場でした。そんな人たちの輪ができていました。その中にいたのが、中村哲さんでした。

中村さんは、一九八四（昭和五十九）年、日本キリスト教海外医療協力会から派遣され、パキスタンに渡り、ハンセン病を中心に医療活動に従事していたのでした。

帰国するたびに、この喫茶店に来ていて、顔が広いマスターに、「海外に来てくれる看護師さんはいないか」と目を輝かせて話していました。「中村さんが、また、看護師を拉致しにきよる」と言って、お互いに笑って会話をしていました。

その後、マスターは「哲っつぁんが、看護師を二人連れていったげな」と、話題にしていました。何ヵ月かあと、喫茶店に現れると「水。きれいな水さえあれば、もっといい医療ができるのです」とも話していました。

やがて活動の場はアフガニスタンに移り、井戸を掘り、水路造りに力を注ぎ、地元の人たちの暮らしを支えた活動は目を見張るものでした。

凶弾に倒れ、帰らぬ人となった中村さん。あのキラキラした目と笑顔がもう見られない。敵も味方も分からなくなってしまった戦いとテロ。戦争、暴力は許されない。

俳優　柳生　博さん（茨城県出身、二〇二二年四月死去）

ベテラン俳優で、剣豪の柳生一族の末裔でもある柳生博さん。

この柳生さんと、私は知り合いになっていなかったのです。妙な言い方ですが、柳生さんの方が、私を知っていたのです。

柳生さんが、日本野鳥の会の名誉会長として、講演のために二〇一〇（平成二十二）年十月、福岡県飯塚市を訪れたとき、主催者の一員として柳生さんを迎え、挨拶をしたとき「青木とは、あなたですか？」といきなりの言葉でした。呼び捨てが印象的でした。

柳生さんは、俳優の傍ら、山梨県内の山中に住み、里山の大切さを発信し、自ら山づくりを実践していました。その場所は、現在「八ヶ岳倶楽部」として、ギャラリーやレストランなどが併設された施設となって、お客さんを迎える人気の場になっています。現在は、柳生さんの次男が中心になって運営しているようです。

森づくりの活動で、柳生さんも各地で講演をしていたようで、いろいろなところで、「福岡の青木も山づくりをしている」との情報を得ていたといいます。それで「福岡の青木が頭に入っていた」と。

ベテラン俳優であり、声優でもあり、自然保護活動、野鳥研究など、幅広い活躍をする柳生さんから、名前を覚えられていたとは、光栄です。

飯塚市での講演を終えた後、私の住む同県嘉麻市の山中のペンションに柳生さんを迎えて、知人らを前に話をしてくれました。その頃は、私を呼ぶときは「青木さん」とさん付けになっていたのもまた、印象的です。

柳生さんはコウノトリファンクラブの会長でもありました。柳生さんは、兵庫県豊岡市にある同県立コウノトリの郷公園で人口繁殖されたコウノトリが野生へと放鳥されていることを紹介し「いずれ、この嘉麻市にもコウノトリがやってきますよ」と、両手を大きく広げてコウノトリの羽ばたきの真似をしながら話してくれました。

聞いた者たちは、そんなことはないだろうと、半分冗談のようにして聞いていたのですが、二〇二〇年十一月、この嘉麻市にコウノトリが本当にやってきました。足の環から、確かにコウノトリの郷公園で繁殖されたコウノトリでした。それが二〇二一年九月にもやってきました。

みんな、柳生さんの「予言」が当たった、と驚いています。

「鈍行青宮号」笑ーと漫才〈最終回〉

宮　この本も随分と進んできましたよ。ばかばかしい話で遊んできましたが、なんとこれが最終回。

青　最終回？　よかった。

宮　喜んではいけませんよ。

青　いや、どれだけ裸にされるか、はらはらしながらきました。俺のこれまでのこと、面白くもなーんともなかったろ。

宮　いや、まだまだ、いっぱいあるのだろうけど、これぐらいにしといてあげましょう。でも青木さん、お金いっぱいも持ってそうで、本当は三億円事件の犯人だった、とかないでしょうね。

青　人を犯罪人扱いするなー。

宮　それでは、この本のまとめというか、青ちゃんの遺言……、いや、提言を聞きましょう。

青　遺言とはなんだ。確かに遺言は大切だけど。

宮　いや失礼しました。この本の大きなテーマになっている山、山林について、青ちゃんの再生案をぜひ。

青　困難なことを簡単に言うよ。でも、長―く、取り組めば力が集まってくるというようなことを……。

宮　それではどうぞ。そして。

青、宮、この「鈍行青宮号」もこれにて解散！

編集部　宮、お前は帰さない。

※三億円事件　一九六八年十二月、東京府中市で、銀行の現金輸送車が、警察官を装う何者かに停止させられ、約三億円が盗まれた事件。刑事事件、民事事件としても時効が成立している。

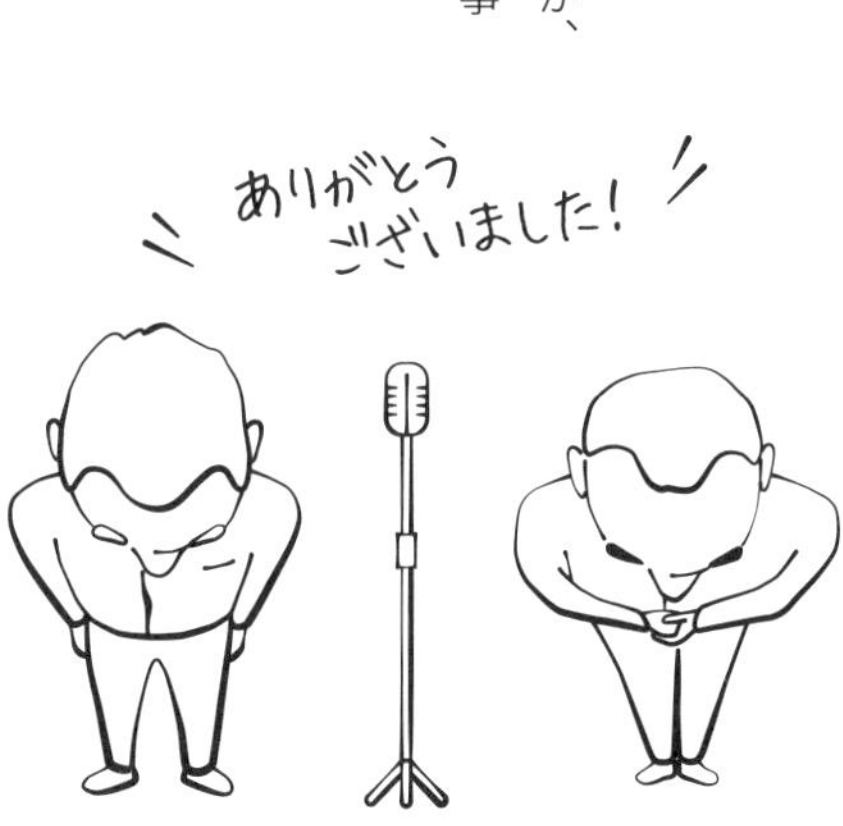

まず「山で遊ぶ」ことから

長期的な目で山の再生を

随分と長くいろいろなことを話しました。もうそろそろまとめに入る頃ですね。

これまで話したように、日本の山林は挿し木で植林された杉、桧ばかりで、しかも間伐、枝打ちなどの手入れがされておらず、台風、大雨に極めて弱い状況になっています。倒木を伴う山崩れの災害は、もちろん雨量にもよりますが、決して偶然ではないのです。国が進めた拡大造林から、六十年以上が経過して、その弊害がでる頃になっています。

日本の山林は、かつての里山のように、広葉樹、針葉樹、高木、低木が混じっているような針広混交林にする必要があります。もちろん、すぐにはそうなりません。六十年以上が経過して現在の姿があるわけですから、それと同じ時間の六十年をかけて、いや百年、百五十年をかけるつもりで再生を目指していきましょう。

山のことは林業家に任せよう、というわけにはいきません。というのは、林業家は一九五五（昭和三十）年に約五十二万人いましたが、二〇一五（平成二十七）年は約四・五万人に減っているのです（総務省国勢調査より）。高齢化、後継者不足を絵に描いたような、産業としては、存続していくのも厳しい状況です。

どうしましょう。まず、山に興味を持つ人を増やす必要があります。本格的な登山を愛好する人からハイキング程度の山歩きまで、こんな人たちと林業家、山林所有者らで組織する森林組合を結ぶ手立てがありませんか？　木の説明ができる人、山の地形を説明ができる人たちが、幅広い登山愛好者たちに説明をするイベントが全国で、思い思いに開かれるようになれば、どうでしょう。

説明する側に、資格とか、インストラクターとかの、そんな肩書は要りません。その辺のおっちゃん、おばちゃん、兄ちゃん、姉ちゃんがおもしろおかしく、説明して、遊び心、楽しさが一番、というイベントです。地域は、歴史や産業を語り、木に触れ合ったり、いい眺めができたりする自慢のコースをいくつも作ることです。障害がある人も参加できるような安全な広場を設けることも大事です。

また、登山愛好者も、山頂を目指すことを優先する登山から、山の周囲を歩き、地形や地質を知り、木を知り、谷川を知るようなそんな登山の楽しみ方に幅を広げるようになれば、両者の「接触」も早くなると思います。同時に、はやりの一人キャンプ、普通のキャンプを受け入れる環境づくりもしていきます。「山へのいざない」を促進させるのです。

このキャンプでは、今の便利な暮らしから離れ、山、川に触れながら、食べる、排せつするという、人としての最も基本的な力も養ってもらいます。これは、災害時や避難時に本当に役に立ちます。

こんな活動から、山に興味を持つ人たちを増やし、山に入る機会を増やし、山への何らかの「働きかけ」をする動きを作ります。簡単にいえば、林業家などの手伝いができる人の養成です。

手伝いをする人たちが多くなれば、この「働きかけ」に対し、国や都道府県から日当が支給されるような制度づくりを進めます。動きを大きくして、住民側から地元の政治家たちを動かしていくのが理想です。会社員、職業を持つ人であっても、日曜、休日を利用した遊び感覚で、日当がもらえれば、やりがいも出てくるし、山への関心も高まるのではないでしょうか。もちろん、企業、雇用主も理解が必要ですよ。

ここら辺りを仮に第一段階としましょう。

第二段階に入ってみます。

山への「働きかけ」を拡大するため、宿泊施設の確保が必要です。ホテル、旅館、協力民家への宿泊費について、国、都道府県の公的補助ができるような整備を目指します。「ゴー・トゥ・マウンテン」ですね。

第三段階は、廃校になった学校、使われなくなった施設、空き家などを活用しての交流施設、地域産品の販売所の設置など、いくらも発展させられると思います。ここに、地域の特色を生かしたアイデアを凝らして発展させてください。

簡単にいかないのは承知の上です。長期的な目標を持って取り組む必要があります。でも山の再生はそれだけの価値があるのです。空気と水と土は、山が作っています。山の疲弊は、それは国土、社会の崩壊につながります。

前に話しましたが、日本国土の六割以上が山林です。そして、国民一人当たりの山林面積は約〇・二ヘクタールです。三人分で小学生用のサッカー場の広さです。

斜面などがあって、もちろん、困難は伴うのですが、そこは本職の林業家たちの指導も受けて、できることをすればいいのです。山への働きかけをする人たちが増えて、できる人ができることをしながら、根気と時間をかけての活動が引き継がれていけば、山への影響力は高い、ということです。それでも、すぐに結果は見えてきません。これはとても困難なことです。でも、途中でやめないことです。

これまで、何度も言ってきましたが、もう一度言います。

地域に生きる人は誇りを持って生きていくことです。

最近、目にした地域活性化を書いた著作のＰＲにありました。

「堂々たる地域になれ」

とても共感しています。

あとがき

青木宣人さんに週一回、七カ月間、話を聞いてきた。人としての幅が広く、奥が深い。どんな大きな入れ物にも入らない人だし、どんな形の器にも隙間なく入ってしまう人だと思った。かといって物差しの目盛りをどんなに小さくしても、その幅を測ることはできないような。

いつか、訪ねると彫刻刀を持って木片に鮭を彫っていた。鮭の生き生きとした姿が精密に彫られていた。「遊びですよ」と早々と片付けてしまった。シンガー・ソングライターの新井英一さんに詩の提供をしている。新井さんは、その詩をゆっくりとしたメロディーの曲に作曲して、CDに収録している（本文参照）。「絵も描きますよ。下手ですがね」と話したことがある。まだ、その絵を見てはいない。

人を紹介するのに年齢はさほど関係ないことは百も承知だが、八十歳を超えた青木さんの背筋は伸びて、話題に応じて笑顔がこぼれ、目が輝く。困った話題には顔をしかめる。

最近、若者の表情があまり変わらないように思う。それを見慣れた私には、その辺りにいる若者に会うよりも、青木さんと話しをする方が、ずっと多くの刺激を受けているようだ。何より若々しいのだ。

「日本の山は美しいというでしょ。でも、手入れはされてないし、土の保水力は落ちているし、末期的な状況ですよ」と危機感を訴えた。大雨のとき、あちこちで起きる山崩れを思う。

「今からね、地方には人がやってくるようになるよ。だから、田舎だ、田舎だなんて卑下している場合じゃないのよ。誇りを持って、生き生きと暮らしていける田舎にならなきゃ」

そんな言葉を聞いて間もなく、日本経済新聞夕刊が、地方に移住する人たちが顕著になったと報じ、その移住者数の多かった町村のランキングを掲載していた。青木さんの言う通りだった。

取材は一定の終わりを迎えた。でも、それから何日もたった後、嘉麻市の山中にある孵化場で始まる鮭の人工孵化・成育の前準備を手伝う私がいた。受精卵が届いて孵化槽に入った様子も見た。鮭の成育の様子も見ることにした。

どうやら、青木さんにすっかり取り込まれてしまったようだ。

二〇二二年十二月一日　聞き手・宮原勝彦

千年屋

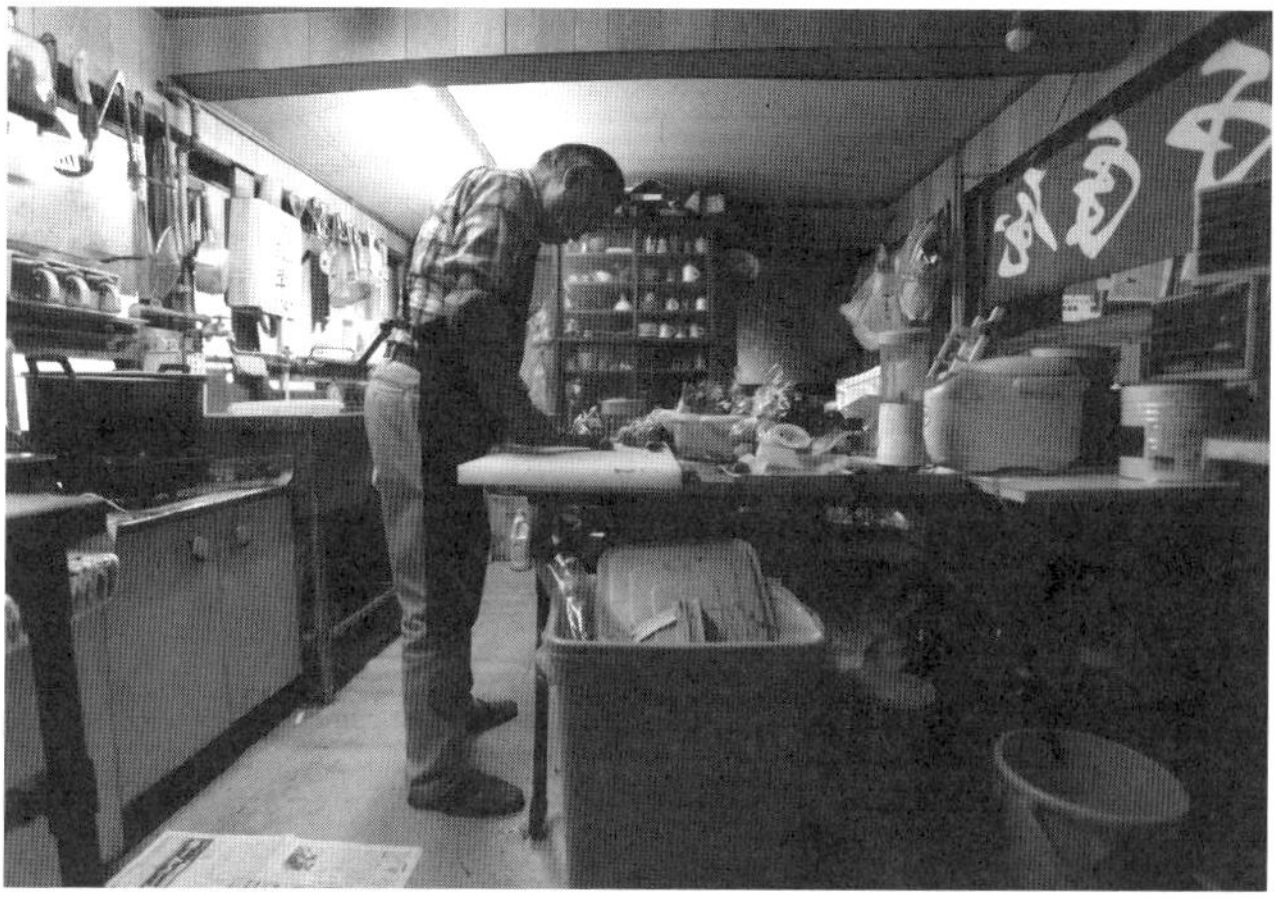

千年屋　厨房

ヤマメの天ぷら

野菜の天ぷらと青木宣人

鮭神社　献鮭祭①

鮭神社　献鮭祭②

鮭神社　献鮭祭③

鮭神社　献鮭祭④（鮭塚に集まる報道陣）

鮭神社　献鮭祭⑤

鮭神社　献鮭祭⑥（鮭塚へ奉納）

鮭神社（境内社の愛宕神社）

鮭神社（拝殿内部）

孵化場①

孵化場②

孵化場③

孵化場④

孵化場⑤

かほ水辺の楽校

遠賀川と古処山

かほ水辺の楽校と、クスノキの大樹

クスノキの大樹

遠賀川のカヌー練習場

カヌー練習場と青木宣人

カッホー馬古塀

カッホー馬古塀の看板

■語り手略歴

青木宣人（あおき・せんじん）

１９４０（昭和１５）年、現在の熊本県大津町生まれ。北海道の大学を終了後、渡欧。そしてアジア、インドを放浪。このことが報道され、他称「冒険家」となった。北海道を拠点にアルバイトで得たお金で世界各地を放浪。その後、日本に戻り講演活動やテレビ、ラジオに多数出演。

福岡市に移住後、登山、キャンプ、カヌーなどで体験学習する西日本アウトドア協会を設立し、代表となる。同協会活動を休止後、福岡県嘉麻市の山中で野営生活。「白姓天国」を開設し、まちづくり活動や人々との交流拠点とする。建設省（当時）の委託を受け、遠賀川で鮭の人工孵化・成育・放流実験を実施。現在、遠賀川源流サケの会会長として鮭の人工孵化活動を継続中。同市桑野でうどん店「千年屋」を経営する。

■聞き手略歴

宮原勝彦（みやはら・かつひこ）

１９５６（昭和３１）年、福岡県久留米市田主丸町生まれ。第一経済大学（現、日本経済大学）卒。西日本新聞社記者。退職後、フリーとして執筆を継続。落語ファン歴５０年以上。著書に３６５日、1日１本落語を紹介する「落語暦」（共著、集広舎）がある。福岡県小郡市で私設寄席「たぬきばやし」を夫婦で主宰する。

江戸時代中期の女性俳人諸九尼（しょきゅうに）の顕彰活動も継続。俳句歴１７年。句集「空財布」（私家版）がある。福岡市の芝句会会員、福岡県太宰府市の太宰府俳句会会員。

うどん屋おやじの冒険

いのち、地域、木、森、川の話

令和4年（2023年）1月10日　第1刷発行

語　　り　青木宣人
聞 き 手　宮原勝彦
発 行 者　川端幸夫
発　　行　集広舎
〒812-0035 福岡市博多区中呉服町5番23号
電話 092·271·3767　FAX 092·272·2946
ホームページ https://shukousha.com
装丁·組版　アサヒデザインプランニング
編集協力　（海象社）古館明廣
印刷·製本　大村印刷株式会社
ISBN978-4-86735-041-6 C0036
Printed in Japan 2022